LASS DEINE TRÄUME WAHR WERDEN

WAHR WERDEN

MIT DEM SEGEN DER RAUHNÄCHTE

Das neue Jahr ist für dich bereit…

4. Auflage 2016
ISBN 978-3-200-03269-9
Edition Delphin | Hutter Druck GmbH & Co KG
A-6380 St. Johann, Birkenstr. 5
www.hutterdruck.at

Gestaltung & Druck
Hutter Druck GmbH & Co KG

INHALTSVERZEICHNIS

DIE RAUHNÄCHTE
Schwellenzeit im Jahr

DIE RAUHNÄCHTE
Schwellenzeit im Jahr
Einleitung

Die Jahreszeiten bestimmten schon immer das Leben
der Menschen, heute eher linear, doch in früheren
Zeiten eher als Kreisbewegung. Dazumal waren die
Menschen in engem Kontakt mit der Natur, verstanden
ihre Zeichen und ihre Sprache. Immer dann, wenn
die Natur offensichtlich in einen anderen Zustand
übergeht, wurde die vorangegangene Phase geehrt
und gewürdigt und das Kommende willkommen
geheißen und begrüßt. So war das Jahr der Menschen
von Ritualen geprägt.

Die Rauhnächte waren bei unseren Vorfahren „heilige
Nächte". In ihnen wurde möglichst nicht gearbeitet,
sondern nur gefeiert, wahrgenommen und in der
Familie gelebt. „Nacht" deswegen, weil wir uns
nach dem keltischen Jahreskreis in der Jahresnacht
befinden. Somit ist der ganze Tag „Nacht".

Die Tage und Nächte zwischen Weihnachten und
Dreikönige sind ganz besondere Tage und von
besonderen Energien getragen. Sie sind eine
„Schwellenzeit" im Jahr, der Schleier zur Anderswelt

ist „gelüftet" und die natürlichen Kräfte des
Universums und der himmlischen Welt reinigen,
harmonisieren und stärken unser Energiepotential.
Während dieser Tage trifft sich die Welt des
Sichtbaren mit der Welt des Unsichtbaren.

Und dieses Unsichtbare ist in diesen Tagen besonders
leicht zu spüren, deshalb bietet sich das persönliche
Innehalten an, es ist der richtige Zeitpunkt für Stille
und Rückzug, Eintauchen in die eigene Tiefe, um dort
Inspiration und Antworten zu finden auf persönliche
Fragen, für die Vorhaben, Wünsche und Ideen.

Es ist dies eine magische Zeit voller Märchen und
alten Überlieferungen. Wenn wir verstehen, mit
diesen Energien im Einklang zu sein, sie einzuladen
und in unser Energiefeld zu integrieren, stimmen
wir nicht nur unseren persönlichen Rhythmus auf
den kosmischen Rhythmus der Erde ein, wir setzen
Impulse für das ganze folgende Jahr in sämtlichen
Lebensbereichen: Partnerschaft, Beruf, Spiritualität,
deinem Lebensumfeld und darüber hinaus.

Auf diese Art und Weise ebnen wir unseren Wünschen
und Visionen den Weg vom Unsichtbaren ins Sichtbare
und holen sie in unser Leben.

Ein kosmischer Tag, der sich am Mond orientiert, dauert „eigentlich" 23 Stunden und 56 Minuten. So ergibt sich zum Ende des Jahres hin eine Differenz von 11 Tagen/12 Nächten. Die Rauhnächte – und denen wollen wir uns in den nächsten Tagen widmen und mit ihnen in die eigene Seele abtauchen.

Das zweite Kapitel beinhaltet die 12 Rauhnächte. Jeder Tag steht repräsentativ für einen Mondmonat im kommenden Jahr, jede Rauhnacht bringt somit einen Samen, eingebettet in deine Kraft der Intention und so lenken wir unsere Aufmerksamkeit auf bestimmte Vorhaben im kommenden Jahr.

ANREGUNG

· Lies jeweils nur das Kapitel für den aktuellen Tag
und halte so deine Energie fokussiert.

· Rauhnächte sind Losnächte. „Los" kommt von
„losen", „vorhersagen".

Im beiliegenden Schreibbuch, notiere dir deine
Gedanken und deine Träume, halte fest, welches deine
Intentionen waren und führe das Buch im kommenden
Jahr weiter, so wird dein Rauhnachtbuch dein ganz
persönliches Ereignisbuch für das Neue Jahr.

· Die Mondmonate verändern sich jedes Jahr mit dem
Stand des Mondes. Sie beginnen jeweils mit Neumond.

ZEIT DER BESINNUNG
ZEIT DES LOSLASSENS
ZEIT DES EINSTIMMENS

Das alte Jahr verabschiedet sich

DIE TAGE VOR WEIHNACHTEN

Die Raunächte stehen uns u.a. auch zur Verfügung, um Ereignisse zu bereinigen, die in den letzten 12 Monaten geschehen sind. Alles Belastende, all jenes, das nicht zu uns gehört, können wir ganz bewusst in einem Ritual loslassen, können uns damit verabschieden von Vergangenem und die Kraft der Transformation nützen und mit Umwandlung Neues ins Leben holen.

Dafür bieten sich die ersten Nächte an. In der Zeit BIS WEIHNACHTEN bietet sich Gelegenheit, das vergangene Jahr noch einmal Revue passieren zu lassen. Es ist ein Akt der Reinigung auf mentaler und energetischer Ebene, wenn dabei Ereignisse, Begegnungen, Prägungen ins Bewusstsein treten, die man nicht mit in das neue Jahr nehmen möchte und es bietet sich an, sich diese zu notieren und sich dieser in einem Ritual des Loslassens, des Feuers oder des Wassers bewusst zu entledigen. Meine Empfehlung dazu lautet stets, durchaus auch den Mut zu haben, eigene Rituale und Möglichkeiten zu finden und anzuwenden.

Es ist eine alte Tradition, in den Rauhnächten
mit Räucherwerk zu arbeiten. Die Winterzeit ist
Räucherzeit. Das Feuer gehörte schon immer zum
Winter, Feuer und Räuchern sind miteinander
verbunden, denn der Charakter des Feuers vereint in
sich das Vernichtende und das Lebensspendende. Ich
mag das Räuchern sehr und genieße Jahr für Jahr den
Duft des Räucherwerks[1] in unserem Zuhause.

Damit Neues Platz hat, muss Altes gehen dürfen.
Manchmal sitzt es zu fest. Nütze die Tage bis zum
24. Dezember und reinige deinen Meditationsplatz,
deinen Raum, deine Wohnung, dein Haus. Am besten
ist es, auch den Weg von der Straße bis zur Haustüre
zu reinigen. Und vielleicht magst du sogar dein Auto,
deinen Arbeitsplatz o.a. mit einbeziehen. Siehe, was
du als deinen Lebensraum bezeichnest bzw. definierst
und schenke ihm neue Energien für das neue Jahr,
damit deine Träume wahr werden.

Mit Energiearbeit während der Rauhnächte schaffst
du ein neues, positives Energiefeld, in dem die Dinge
ihren Boden für Wachstum finden.
Die Möglichkeiten mit Energien zu arbeiten sind
vielfältig. Eine davon ist zu Räuchern und dazu die
entsprechenden reinigenden Räucherwerke wie

Myrrhe, Drachenblut oder Reinigungsmischungen zu verwenden.

Auch Kerzen, die man in und vor dem Haus aufstellt, symbolisieren, dass nun, nach der längsten Nacht zur Wintersonnwende, die Sonne wieder nach oben steigt und die Kraft des Lichtes sichtbar wird.

Alle Rituale zur Reinigung und Vorbereitung entfalten ihr Potential am stärksten, wenn man sie wiederholt an den drei aufeinanderfolgenden Tagen vor dem Weihnachtsfest zelebriert.

Möge alles Dunkle, alles, was uns nicht mehr dient, aus den Räumen jetzt verschwinden. Wir laden die Liebe und das Segenslicht ein. Möge der Raum in einem neuen frischen, leuchtenden Glanz erstrahlen und uns Frieden, Ruhe und Kraft schenken. Danke.

Am **21. Dezember**, in der dunkelsten und längsten Nacht des Jahres, wird das Licht wiedergeboren.

Der **22. Dezember** bedeutet Stillstand und Einheit.

Der **23. Dezember** steht für Dualität und Fruchtbarkeit.

Anregung

Als **Vorbereitung für die Rauhnächte** schenke dir jeden Tag, also **am 21./22./23. Dezember** jeweils eine kurze Zeit für Dich und deine Reise in deine Innenwelt:

Kreiere dafür in einem liebevollen Ritual für dich einen heiligen Raum der Ruhe. Stell das Telefon ab, hänge ein Schild an die Tür „bitte nicht stören", leg sanfte Musik auf, und beschenke deinen Geruchssinn mit einem Duft ...

Bete folgendes Gebet, um alles was in diesem Jahr war,
loszulassen und um zu verzeihen:

VERGEBUNG
Huna Gebet

Aloha
Göttlicher Schöpfer, Vater, Mutter und Kind in einem.
Wenn meine Familie, meine Verwandten oder meine
Vorfahren jemanden beleidigt, verletzt oder in unwürdiger
Weise behandelt haben, oder dessen Familie, dessen
Verwandten oder dessen Vorfahren in Worten, Verhalten
oder Taten vom Anbeginn der Schöpfung bis zum heutigen
Tag, dann bitten wir hiermit um Vergebung.
Lass dieses Gebet Reinigung und Auflösung sein von allen
schlechten Gefühlen, Erinnerungen, Blockaden, Energien
und Vibrationen.
Und verwandle all diese unerwünschten Energien in reines
Licht. So ist es und so soll es sein, heute und für immer.

Amama!

ANLEITUNG
FÜR DIE ARBEIT MIT DEN EINZELNEN TAGEN WÄHREND
DER ZEIT DER RAUHNÄCHTE:

Zunächst, fühle dich völlig frei deinen ganz
persönlichen Zugang zu entdecken. Niemand kann
besserer Fachmann/-frau für dich sein als du selbst.
Dennoch, wenn dir meine Unterstützung hilfreich ist,
so kannst du gerne dieser Empfehlung folgen:

Am Einfachsten für dich ist bestimmt, wenn du
dir eine fixe Zeit am Tag für dich reservierst. Auch
wenn die Zeit von Weihnachten und der Feiertage
intensiv sein kann, weil deine Familie zu Hause ist,
alle Urlaub und Ferien genießen und es für dich
turbulent sich darstellen kann – **SEI ES DIR WERT** –
weil du die wichtigste Person in deinem Leben bist
– sei es dir wert – dass du dir Zeit für dich nimmst.
Erfahrungsgemäß unterstützt es, wenn es stets
derselbe Zeitpunkt ist. Aufgrund der Konzeption
der Zusammenstellung empfehle ich dafür den
Tagesbeginn, den Morgen, den Vormittag.

Beschäftigte dich zunächst mit dem aktuellen
Kalendertag und lese die Informationen dazu durch,
spüre der Energie des Tages nach und nimm mit der
Schwingung innerlich Kontakt auf.

Als nächstes lese dir die entsprechende Information zur Energiequalität nach den **Tierkreiszeichen** in Übereinstimmung mit dem Mondmonat durch – nimm dir Zeit und lass die Informationen in dein Energiefeld einsinken.

Dann nütze das **Kartenset** und verwende es wie im dazugehörigen Kapitel beschrieben.

Anschließend schenk dir die Zeit für die Notizen. Gedanken sind vergänglich und man vergisst sie, im Schreiben jedoch geschieht erste Manifestation. Halte deine Notizen fest, damit die Gedanken, die dich bewegen und bestenfalls schon erste Schritte für Umsetzung und Einleitung der Dinge und Themen, die sich dir zeigen. Sei aufmerksam und achte auf die Besonderheiten des Tages: deine Träume, die Begegnungen, das Wetter, Tiere, die sich dir zeigen, Zufälle und andere Zeichen. Notiere sie dir während des Tages zwischendurch oder abschließend am Abend.

Möglicherweise entsteht auch deine persönliche Affirmation für den Tag. Du kannst auch eine der vorgeschlagenen wählen ... oder darauf verzichten. Im Laufe des Tages kehre immer wieder zurück zu deinen Notizen und schau, wie die Keime wachsen. Pflege diesen inneren Garten, erfreue dich am

Wachstum der Sämlinge, erfreue dich an den Blüten. Ich selbst habe es mir zur Gewohnheit gemacht, stets zu Beginn des Mondmonats, also mit Neumond, nochmals in die Energien reinzugehen, anzupassen, zu erweitern. Dies ist zu meinem persönlichen Neumondritual geworden.

SEI DU EIN KRAFTVOLLER SCHÖPFER DEINES LEBENS!

Jeder einzelne Tag der Rauhnächte verankert seine Energie mit einem Monat im kommenden Jahr. Es war Tradtition, jede der Rauhnächte für einen Monat des Jahres zum Deuten und Orakeln zu nützen. Somit steht die erste Rauhnacht für den ersten Monat des folgenden Jahres, die zweite für den zweiten und so fort.

Das bedeutet aber auch, dass du deine Intention und deinen Fokus während dieser Zeit für das kommende Jahr verankern kannst. So ist z.B. jede rituelle Handlung des ersten Tages der Rauhnächte gültig für den ersten Mondmonat im neuen Jahr. Umgekehrt, gibt es ein ganz spezielles Ereignis im kommenden Jahr, das du schon jetzt mit deiner Intention unterstützen möchtest, kann man am entsprechenden

Tag der Rauhnacht den entsprechenden Impuls
setzen bzw. die Intention symbolisch an diesem Tag
verankern.

Es geht hier um das kosmische Jahr, daher dürfen und
sollen wir die Energien von Sonne und Mond nützen.
So integrieren wir Aspekte der Astrologie.

RAUHNACHT	ZUORDNUNG
24. Dezember	1. Mondmonat
25. Dezember	2. Mondmonat
26. Dezember	3. Mondmonat
27. Dezember	4. Mondmonat
28. Dezember	5. Mondmonat
29. Dezember	6. Mondmonat
30. Dezember	7. Mondmonat
31. Dezember	8. Mondmonat
01. Jänner	9. Mondmonat
02. Jänner	10. Mondmonat
03. Jänner	11. Mondmonat
04. Jänner	12. Mondmonat
05. Jänner	evt. 13. Mondmonat

Das jeweilige Mondmonat beginnt mit dem Neumond.
D.h. der erste Mondmonat startet mit dem 1.
Neumond des Jahres und endet mit dem nächsten
Neumond. Je nach dem, in welches Tierkreiszeichen
des Jahres, ein bestimmter Tag fällt, werden die
Energiekräfte jenem Monat zugeordnet. Fällt der erste

Neumond nach der Wintersonnwende zum Beispiel in das Tierkreiszeichen des Steinbock, so sind es die Energiequalitäten von Steinbock, die in diesem Monat die Vorhaben entsprechend unterstützen.

In manchen Kalenderjahren ergibt es sich, dass während des Jahres ein Neumond zweimal im selben Tierkreiszeichen erscheint. Dann wird dementsprechend während der Rauhnachtszeit an zwei aufeinanderfolgenden Tagen mit derselben Rauhnachtsqualität gearbeitet.

Gemäß den Gesetzen der Transformation werden wir immer sowohl für unsere Innenwelt, also auf seelischer Ebene, als auch für unsere Außenwelt, also auf körperlicher Ebene arbeiten.

Doch bei alledem, vergiss nicht, es geht darum, selbst nachzuspüren und nachzuempfinden, was diese besondere Zeitqualität bringt. Folge stets auch deiner Intuition und erlaube dir Wahrnehmungen außerhalb dessen, was diese Anleitungen hier dir anbieten.

ZWISCHEN WEIHNACHTEN UND SILVESTER

In diesen Tagen bereiten wir den Boden auf für
Neues. Manchmal braucht es ein Gespräch, um Dinge
zu bereinigen, oftmals braucht es ungestörte Zeit
um Gedanken zu Ende zu denken, Erkenntnisse und
Einsichten zu gewinnen.

Diese Zeit der Feiertage, und für viele der
Urlaubstage, bietet sich bestens dafür an, um dann
folgend im neuen Jahr auf einem neuen Boden
aufbauen zu können. So entsteht ein Fundament mit
neuer Harmonie im Innen wie im Außen.

ANREGUNG:

Wenn du ergänzend zu diesem Workshop, Räucherwerk
benützt, dann geh heute und die folgenden Tage durch
deine Wohnung, dein Haus und zwar mit Räucherwerk,
das die Reinigung, das Loslassen und das Beenden
unterstützt.
Myrrhe und Weihrauch, die Geschenke der Könige
bieten sich dazu an.

24. DEZEMBER

Der 24. Dezember stellt die endgültige Wende dar, das strahlende Kind wird geboren.
Es ist Weihnachten. Weihnachten ist eine heilige Zeit.

In der Nacht vom 24. Dezember auf 25. Dezember durchläuft die Sonne den tiefsten Punkt im Jahreslauf. In den alten Schriften heißt es, dass wenn im Osten das Sternbild der Jungfrau empor steigt, auch die Sonne wieder aufwärts steigt und der Welt neues Licht schenkt.

Mutter Maria steht sinnbildlich für das weibliche Prinzip, Josef für das männliche, die Hirten für das offene Herz, die Engel für das Licht der Quelle. Die Heiligen Drei Könige sowie deren Huldigung im Stall zu Bethlehem am 6. Jänner symbolisieren die Erkenntnis und den Aufbruch in die neue Zeit.

NAMENSTAG: Adam und Eva

25. DEZEMBER

Der 25. Dezember ist der Festtag, an welchem die Geburt Jesu gefeiert wird. Die Tradition der Bescherung knüpft an dieses Fest an, als dass wir symbolisch Geschenke erhalten, so wie Gott damals den Menschen seinen Sohn geschenkt hat. In vielen Ländern findet die Bescherung erst an diesem Tag statt. Der Tag selbst steht im Zeichen der Familie und auch das Patenkind bekommt an diesem Tag Besuch und Geschenk.

Wenn diese Traditionen in deinem Leben heute bereits keinen Platz mehr einnehmen, mag es eventuell einen wertvollen Impuls darstellen, doch erneut darüber nachzudenken, ohne dass es notwendig ist, sich dem Konsumverhalten anzuschließen. Auch für dich selbst, möglicherweise möchtest du dir selbst ein Geschenk machen, sowie „Patenschaft übernehmen" mit einem bewussten „Ja" für einen Aspekt deines Lebens.

NAMENSTAG: Anastasia „die Auferstehende"
AFFIRMATION zum Tag:
Ich erhebe mich aus der Dunkelheit ins Licht.

26. DEZEMBER

Der 26. Dezember gilt als zweiter Weihnachtsfeiertag und in früheren Zeiten wurden an diesem die Pferde ausgeritten - heute auch im Sinnbild dafür, als dass wir nach dem Tag „im inneren Kreis" der Familie, wir „nach Außen gehen" und die Zeit für Freunde und Feste nützen.

Am 26. Dezember, stehen die Aspekte Loslassen – Reinigen – Beenden wieder über dieser Rauhnachtzeit und es gesellt sich „Harmonisieren" hinzu, die Arbeit am energetischen Fundament findet bereits statt. Daher auch heute wieder: schenk dir Unterstützung auf allen Ebenen und reinige die Räume in denen du lebst – das Haus, das Grundstück … oder wo du arbeitest … oder dein Auto … erneut mit Räucherwerk

Und vergiss nicht, auch in deinen „inneren Räumen" erneut nachzuspüren und gegebenenfalls auch dort mit einem Ritual für Reinigung, Klarheit, Vergebung und Freiheit zu sorgen.

NAMENSTAG: Stephan

AFFIRMATION zum Tag: Die Quelle ist in mir.

27. Dezember

Der vierte Tag der Rauhnächte. Allmählich verändert sich nun die Energiequalität, der Prozess des Reinigens sowie die Intention des Loslassens und Beendens geht über zur Kraft des Ausgleichens und Harmonisierens.

Es bleiben nur mehr wenige Tage im alten Jahr. Eigentlich ist das kosmische Jahr des aktuellen Kalenderjahres bereits ja zu Ende, deshalb gehen wir sozusagen über die Brücke der Rauhnächte hinein ins neue Jahr.

Mit der Zeit, die du dir in diesen Tagen schenkst, mit deiner Intention und deiner Aufmerksamkeit kreierst du ebenso eine Brücke, von einem Lebensabschnitt hin zum nächsten, wo noch mehr Glück, Freude, Erfolg und Vitalität auf dich warten.

Namenstag: Johannes „Gott hat Gnade erwiesen"
Affirmation zum Tag:
Ich öffne mein Herz für die Gnade der bedingungslosen Liebe.

28. Dezember

Erlaube dir mit dem zurückliegenden Jahr und Lebensabschnitt auch loszulassen, was du nicht mehr brauchst an Mustern, Erfahrungen, Schmerzen und lade ganz bewusst das Neue in dein Leben ein.

Mit diesem fünften Rauhnachtstag wird das Fest der unschuldigen Kinder gefeiert. Dies zum Gedenken, als in der Zeit von Jesus Geburt, König Herodes die neugeborenen Kinder in Betlehem töten liess - in der Hoffnung, dass der geweissagte König darunter sei.

Vielleicht ist dir dieser Tag Impuls, als dass du ihn deinem **„inneren Kind"** widmest und dir ganz bewusst Heilung für die Zeit deiner Kindheit und deines kindlichen Ichs erlaubst. Und möglicherweise hast du auch Lust etwas zu unternehmen, das in dir kindliche Freude weckt, zum Beispiel eine Schlittenfahrt oder das Bauen eines Schneemannes.

Tag der „unschuldigen Kinder"

Affirmation zum Tag:
Ich lasse los was mich bindet an alte Leben.

29. DEZEMBER

Auch der 29. Dezember bietet sich an um auszugleichen und zu harmonisieren was in Ungleichgewicht ist. Mit Ausgleich und Harmonie holst du dir auch Balance und Stabilität in dein Leben.

Es sind nur mehr wenige Tage im alten Jahr. Umso wichtiger ist, dass du ausgleichst und zu Ende bringst, was noch offen ist, als dass du mit keinen Altlasten ins Neue Jahr gehst:

Bringe Angefangenes zu Ende.
Bereinige jede Unklarheit.
Bezahle alle Rechnungen.
Begleiche Schulden.
Schaffe Ordnung.
Bedanke dich bei Menschen, die dich begleitet haben.

FESTTAG DER HEILIGEN FAMILIE

AFFIRMATION zum Tag: Ich ehre meine Eltern, meinen Partner, meine Kinder und öffne mich für die Gnade der bedingungslosen Liebe.

30. Dezember

Der vorletzte Tag im Jahr. Schon geraume Zeit beschäftigst du dich nun mit diesen besonderen Tagen und kreierst neue Energien für das neue Jahr. Indem wir abschließen und beenden, schließen wir „Türe und Tore" und dies ist die Voraussetzung, als dass sich neue „Türe und Tore" für uns öffnen werden, und damit die Fülle des Lebens in vielen Aspekten.

Dankbarkeit ist eine der kraftvollsten Energien um etwas zum Abschluss zu bringen. So nütze diesen Tag um nachzuspüren, welche Ereignisse, welche Begebenheiten des vergangenen Jahres es waren, für welche du besonders dankbar bist.

Vergiss dabei nicht auf dich selbst, spüre der Energie nach und drücke Dankbarkeit dir und deinem Körper gegenüber aus, für all das was du bist, was du tust und wie dein Körper dir dabei dient.

Namenstag: Hermine

31. DEZEMBER

Der heutige Tag besitzt die stärkste Qualität der Rauhnächte und ist daher besonders geeignet, Unsichtbares sichtbar zu machen. Du hast bestimmt Karten zu Hause, Tarotkarten, Engelskarten … zieh dir welche für das Neue Jahr. Eine stellvertretend für das ganze Jahr, und wenn du willst auch jeweils eine für jeden Monat.

Zu **SILVESTER** schaffen wir bewusst die Basis für das kommende Jahr, eine stabile Basis. Wir laden das Glück ein, neue Energien (Vorsätze) und verankern sie mit Glücksbringern und Glückwünschen.

AFFIRMATION zum Tag: Ich öffne mich in Vertrauen für alles was kommen mag.

NAMENSTAG: Silvester

FÜR DEN SILVESTERABEND

Mach dich besonders hübsch – ein besonderer Gast steht vor Dir, er legt dir ein ganzes Königreich vor die Füße. Das neue Jahr.

1. Jänner

NEUJAHR steht für Neubeginn. So halten wir Vorausschau auf das, was kommen soll. Jeder Übergang eröffnet neue Möglichkeiten, Dinge zu verändern, sie neu zu formen, sie anders zu gestalten. Möge dir das neue Jahr Glück, Vitalität, Freude, Liebe, Lachen und Leichtigkeit bringen.

Schon angekommen im neuen Jahr? Die ersten Tage in diesem Jahr kannst du nützen, indem du neue Energie aufbaust. Du hast in den Tagen im alten Jahr beendet, gereinigt, losgelassen. Da ist nun Platz frei geworden für das Neue, lade die Kräfte ganz bewusst dafür ein.

AFFIRMATION zum Tag: Vertrauensvoll öffne ich mich dem ersten Schritt.

Ergänzender Hinweis
„Viel Glück und viel Segen auf all deinen Wegen." Segne auch du das neue Jahr, indem du Blumen oder Lichter an die Bäume und andere besondere Plätze stellst. Gib den Segen an liebe Menschen weiter. Glück – man verschenkt es mit Glücksymbolen wie Schweinen, Glücksklee, Glückspfennigen oder Glückskäfer. Teile aus ganzem Herzen an all deine Lieben heute das Glück aus.

In den Tagen nach Neujahr BIS ZUM DREIKÖNIGSTAG
gilt es nun die Schöpferkräfte zu mobilisieren und zu
bündeln, sodass sie uns im neuen Jahr als kreatives
Energiepotential zur Verfügung stehen. Dazu laden wir
uns Schutz und Segen der himmlischen Welt ein.

Auch diese Energie lässt sich z.B. mit schützenden
Gegenständen, Glückbringern (Türkranz, Hufeisen,
Glücksschwein) verankern. So halte in den nächsten
Tagen Ausschau um ein für dich und zu deinem Leben
passendes Symbol dazu.

2. JÄNNER

Neue Kräfte und neue Energien für das neue Jahr,
die Tage und all deine Vorhaben. Symbolisch dazu ist
es vielerorts der Brauch, zu räuchern und den Rauch
durch deine Wohnung ziehen lassen. Alle Sorten von
Weihrauch aktivieren die Kräfte für das Neue ...

NAMENSTAG: Basilius, Beatrix, Dietmar, Gregor

AFFIRMATION zum Tag: Ich bin beschützt

3. Jänner

Herzlich willkommen bei der 11. Rauhnacht – Die Doppeleins. Welch wundervolle Zahl, welche wundervollen Tag wir heute haben. Öffne weit deine Herztüren und lade die Wunder in dein Leben ein

NAMENSTAG: Genoveva

AFFIRMATION zum Tag: Das einzige Beständige ist der Wandel.

4. Jänner

Du bist den Weg über die Brücke gegangen .. und kommst nun bald an... ein paar Schritte noch bis zum neuen kosmischen Jahr.

NAMENSTAG: Titus

AFFIRMATION zum Tag: Ich bin beschützt

5. Jänner

Den Nachtstunden dieses Tages wird wieder ganz besondere Bedeutung angemessen. Es sind die letzten Stunden dieser besonderen Zeit, an welchen wir so leicht Zugang zur Innenwelt haben. Möglicherweise hängt es damit zusammen, dass während dieser Stunden die „Perchten" vielerorts auf dem Weg sind, „dunkle, zottige, furchterregende Gesellen".

Stellvertretend stehen sie auch für die „dunklen und furchterregenden Themen" die uns Menschen im Leben ebenso begleiten. Dieser Tag, diese Nacht, bieten sich an, um eben diesen inneren dunklen Gesellen, unseren Ängsten, zu begegnen, denn wenn wir ihnen an Heilung geben, was sie brauchen, dann können sie vorüberziehen.

„Hoher-Frauen-Tag"

Namenstag: Emilia

Affirmation zum Tag:
Ich wähle den Weg des Vertrauens und gehe den Weg der Veränderung

6. Jänner

Der Tag der drei heiligen Könige – die drei weisen
Männer, ermöglichen dir nochmals Zugang zum
Unterbewusstsein, und begleiten dich bei den ersten
Schritten auf einem Weg, der dein Herz berühren
wird und die spirituelle Achtsamkeit in deinem Leben
fördert.

Ebenso ist der Dreikönigstag günstig um für Schutz und
Segen zu bitten, für deinen Freiraum ebenso wie für
alles was du hast.

Auch das Räuchern steht in diesen Tagen unter dem
Aspekt „Schutz", so z.B. die Räuchermischung Jenuri.

Namenstag: Balthasar, Kaspar, Melchior
Raphaela, Pia, Gertrud

Affirmation zum Tag:
Ich öffne mich dem Segen des Lebens.

DIE RAUHNÄCHTE
Schwellenzeit im Jahr
Energien der Tierkreiszeichen

38

Wie du mit den Energien der Tierkreiszeichen für die Rauhnächte arbeitest

Die Energien der Tierkreiszeichen zeigen an, welche Entwicklungsschritte in den Themen anstehen. Lese dir die Information für die Qualitäten der Rauhnacht entsprechend der Tierkreiszeichen durch. Fühle, bei welchen Abschnitten du in Resonanz gehst. Sind es die Stichworte, ist es die Körperebene, geht es um spezielle Tage?

Denke daran, es ist diese besondere Zeit der Rauhnächte, die dich in die Energien und Themen tief eintauchen lässt, und dir neuen Zugang zu dir selbst verschafft, wie sonst kaum im Jahr. Du kannst mit allen Informationen und Hinweisen arbeiten oder nur mit einem Teil davon. Erinnere dich stets daran, deinen ganz persönlichen Weg zu wählen.

Als ergänzende Informationen stehen dir die Hinweise zu den Kalendertagen im vorangegangenen Kapitel zur Verfügung bzw. das Kartenset, das dich auf deiner Reise der Intuition begleitet.

Das Schreibheft wartet darauf, deine ganz persönlichen Notizen aufzunehmen. Dort findest du auch die Informationen zum Kalender.

Steinbock-Energien für die Rauhnacht

Im Zeichen Steinbock geht es darum, die irdische Realität zu erkennen und zu meistern, auch zu sehen, was wir in unserem Leben bereits geschaffen haben. Damit geht es um die Antwort, die wir mit unserem Tun unserem Leben geben, und daher ebenso um das Thema VerAntwortung.

Bist du bereit die VerAntwortung zu übernehmen, dem Leben mit deiner Antwort zu begegnen? Wie lautet sie?

Steinbockenergien streben stets danach einen guten, wenn nicht den besten Platz einzunehmen, sie tragen dich in Höhen, sie wollen dich unterstützen, dass „du es erreichst". So geht es um Ziele, um Ehrgeiz, um Macht, Ruhm, Ehre und durchaus auch um Pflichten. Diese Energien unterstützen auch das Bestreben, Licht zu den Menschen zu bringen.

Wie beharrlich bist du, wenn es um dein Vorwärtskommen geht? Was zählt für dich? Kannst du dich auf das Wesentliche konzentrieren? Kannst du deine Grenzen abstecken? Wo hältst du zu sehr an altbewährten Mustern und Strukturen fest, wo scheust du das Neue?

DIE ENTSPRECHUNGEN DES STEINBOCKS AUF KÖRPEREBENE:

Haut, Haare, Nägel, Knochen, Zähne, Knie

Es ist der **Erzengel Hamael** (Haniel), der mit den Energien des Steinbocks schwingt und dein Tun bereichert. Hamael erinnert dich an deinen Körper, an seine Bedürfnisse und fordert dich um liebevolle Aufmerksamkeit für deinen Körper, den Tempel deiner Seele. Erzengel Hamael unterstützt uns im Wunsch, Anmut und Gelassenheit in unser Leben zu bringen, Heilfähigkeiten und außersinnliche Fähigkeiten zu aktivieren und uns mit den Mondenergien zu verbinden.

ERGÄNZENDES RITUAL ZUM TAG:

Lass ein Licht für deine Ahnen brennen, sie waren vor dir da und haben dir den Weg geebnet, verbinde dich mit den Wurzeln deines Seins, mach dir bewusst, dass ihre persönliche Grundlage von Natur aus positiv ist und erlaube, dass alle schlechten Gefühle und Erfahrungen im Zusammenhang mit deinen Ahnen nun zusammen mit dem Rauch der Flamme der Kerze aufsteigen und sich auflösen dürfen.

Wassermann-Energien für die Rauhnacht

Die Energien des Wassermanns entsprechen dem höheren Wissen, dem Logos, der Intuition und dem Idealismus. Sie sind originell, im Sinne von Neuem und gehen phasenweise vor und begegnen uns in wechselnden Umbildungen, wo sich der/die Einzelne und damit die Umgebung verwandelt. Unabhängigkeit und Veränderung und das Infragestellen von alten Werten zeichnen ebenso die Qualitäten des Wassermans aus und können somit durchaus zum Durchbruch zu ganz Neuem führen.

*Aus welcher Situation würdest du dich gerne befreien? Welche **Einschränkungen** und **Hemmungen** möchtest du gerne lösen?*

Leitmotiv des Wassermanns ist die Erneuerung und die Zukunftsperspektive. Nimm dir Zeit um nachzufühlen, ob es Lebensbereiche gibt, die du im nächsten Jahr auf deinen Prüfstand holen möchtest, um sie eventuell einer Veränderung zu unterziehen und somit noch mehr an deinen wahren Wesenskern heranzukommen.

DIE ENTSPRECHUNGEN DES WASSERMANNS AUF KÖRPEREBENE:
Unterschenkel, Augen, Netzhaut

Es ist der ENGEL CAMBRIEL, der mit den Energien des
Wassermanns schwingt und dein Tun bereichert.
Cambriel fordert dich auf ins Vertrauen zu gehen,
loszulassen und dich dem Fluss des Lebens
hinzugeben, das sich dir in all seinen Erfahrungen
anbietet und damit auch Neues in dein Leben, in
jegliche Existenz kommen soll.

ERGÄNZENDE ANREGUNG ZUM TAG:
Mach der Natur ein Geschenk. Das können Körner für
die Vögel, Wasser, Milch, Räucherstäbchen, Brot oder
ähnliches sein. Lege das Geschenk mit den Wünschen
deines Herzens an die Wurzeln eines Baumes

Fische-Energien für die Rauhnacht

Es sind die Aspekte des Neumonds im Fisch, die
dich unterstützen werden → „sich dem Lebensfluss
hingeben".

Zeit fließt immer weiter, auch im nächsten Jahr, da
wird kein Stillstand an Zeit sein. Ein Augenblick kommt
und geht, wandelt sich in den nächsten. Im Kommen
und Gehen, im Wandel, da liegt die Entwicklung, die
Evolution. So nimm heute in deiner Innenschau diesen
Fluss mit.

Gibt es etwas das diesen Fluss beeinträchtigt?
Blockiert?

Die Fische sind ein Zeichen des Übergangs, während
des Jahres vom Winter hin zur wärmeren und lichteren
Jahreszeit und im übertragenen Sinn auch in unserem
Leben dient diese Zeit aus dem Verborgenen hin zum
Werdenden.

Die Energien der Fische erinnern an den
Zusammenhang zwischen All-Einheit und All-Ein-
Sein. Inspiration und Eingebung werden aktiviert und
zugleich sind sie es, die der Sehnsucht in dir Raum

geben – auch nach Erleuchtung und Inspiration, nach der anderen Welt der Engel, Feen, Wesenheiten. Es geht um die Sehnsucht nach spiritueller Erfahrung, nach der Tiefe des Lebens, auch Selbstlosigkeit und Hingabefähigkeit.

Gelingt es dir, dich der göttlichen Kraft des Lebens hinzugeben?

DIE ENTSPRECHUNGEN DER FISCHE AUF KÖRPEREBENE:
Füße, Fasten, Ausleiten

Es ist der ENGEL BARCHIEL, der mit den Energien der Fische schwingt und dein Tun bereichert und dich für emotionale Tiefe und Bewusstheit öffnen.

ERGÄNZENDE ANREGUNG ZUM TAG:
Fühle die Verbundenheit mit allem was ist in dir – fühle wie du eins bist, mit den Menschen deiner Familie, mit den Menschen, denen du heute begegnest, mit der Natur und all den Schönheiten, die der Tag dir heute bringt.

Widder-Energien für die Rauhnacht

Die Energien des Widders sprechen deine
Persönlichkeit an, es geht um Energie, um Initiative,
Stolz, Mut und Strebsamkeit. In diesen Energien
verbirgt sich die Kraft, die von Innen nach Außen
wirkt, deine Lebensgeister. Deshalb zeigt sich der
Wille im Pioniergeist, Spontaneität und damit in
schnellen Taten, denn der Widder repräsentiert die
spontane Kraft, Antriebs- und Durchsetzungsvermögen.

Hast du ausreichend Lebenskraft?
Wie setzt du sie gewöhnlich ein?
Kannst du deinen Willen durchsetzen, so wie du es
möchtest?
Worin liegen die Hindernisse, die oftmals deine Kraft
sich nicht entfalten lassen?

Widder ist auch die Pionierskraft – so schau mal,
möglicherweise gibt es etwas in dir, das dich
auffordert im kommenden Jahr, eigene Wege zu
gehen, ungewöhnliche Methoden oder Lösungen
anzustreben ?

Wartet eine neue Aufgabe auf dich?

DIE ENTSPRECHUNGEN DES WIDDERS AUF KÖRPEREBENE:
Kopf und v.a. Oberkiefer

Es ist der ENGEL MACHIDAEL, der mit den Energien des
Widders schwingt und damit dein Sein und dein Tun
bereichern, indem Energien in uns entfacht werden,
jene der Sonne und des Element des Feuers und damit
in einer männlichen Qualität die Kräfte mobilisiert,
bündelt, fokussiert und unser kraftvolles Tun und
Handeln unterstützt.

ERGÄNZENDE ANREGUNG ZUM TAG:
Vielleicht gibt es eine Heilige oder einen Heiligen,
den Du sehr magst und der dich vielleicht schon
länger begleitet, möglicherweise dein Namenspatron.
Stelle heute für diesen Heiligen ein Licht auf, um
die Bindung so noch mehr zu stärken und damit den
göttlichen Anteil in dir noch mehr zum Leuchten
zu bringen.

Stier-Energien für die Rauhnacht

Die Energien des Stiers sind Erdenergien und damit geht es um Sinnlichkeit, Genussfreude, Beharrlichkeit, Sicherheitsstreben, v.a. in materiellen Ebenen.

Wie nimmst du dein ganz persönliches Streben nach Sicherheit wahr? Was gibt dir Sicherheit?
Wie sehen deine Finanzen aus?
Vielleicht braucht dein ganz persönliches inneres Finanzprogramm ein Update?
Was bedeutet Wohlstand für dich ?

Die starke Erdverbundenheit eröffnet in seiner Energie Beschaulichkeit, Ausdauer, Gestaltungskraft, Gewissenhaftigkeit und Humor und öffnet für die Schönheit der Natur und des Lebens allgemein.

Welchen Platz nimmt Lust und Genuss in deinem Leben ein?
Wann vernimmst du Sinnlichkeit?

DIE **E**NTSPRECHUNGEN DES **S**TIERS AUF **K**ÖRPEREBENE:
Kopf und v.a. Unterkiefer, Hals, Nacken, Muskelmasse
Nimmst du deinen **K**ÖRPER ganz an? Auch das Thema
ERNÄHRUNG hat mit Stierenergien zu tun, schau mal,
vielleicht gibt es womöglich dazu einen Impuls?

Es ist der **E**NGEL **A**SMODEL, der mit den Energien
des Stiers schwingt und damit dein Sein und Tun
bereichert und dich auffordert ins TUN zu gehen, die
Aktion zu starten. Asmodel und Stier schenken in ihrer
Präsenz damit männliche Aspekte der Energien.

Vielleicht sind es alte Gewohnheiten, die dich noch
hindern und die aufgegeben werden wollen?

ERGÄNZENDE **A**NREGUNG ZUM **T**AG:
Lass die Freunde und Menschen die dir am Herzen
liegen, es wissen, dass du sie schätzt und achtest. Dies
kann durch einen Brief, einen Anruf oder eine liebe
Geste geschehen.

Zwilling-Energien für die Rauhnacht

Die Energien des Zwillings symbolisiert das Paar, die
Zweiheit, die Dualität – die Doppelnatur. Das kann
manchmal durchaus auch Ruhelos- und Rastlosigkeit
bedeuten, einerseits. Andererseits eine Form der
Leichtigkeit, des Luftigen, der Lebensfreude, der
Vielfältigkeit – und auch geistiger Beweglichkeit.

Urlaub - Reise.
Welches spontanes Bild erscheint dazu in dir?
Vielleicht geht es um einen Ortswechsel allgemein?

Energien von Zwillingen bringen immer viele Optionen
in dein Leben. Und zugleich die Energie von Merkur.
Es unterstützt deine Kommunikation.

Was möchte denn schon längst mitgeteilt werden?

Mach dir auch heute wieder eine Einheit von Zeit zum
Geschenk, von Stille und innerer Harmonie, sodass du
in Balance kommst, für alles was im Außen während
diesen Tagen möglicherweise ein bisschen instabil ist.

DIE ENTSPRECHUNGEN DES ZWILLINGS AUF KÖRPEREBENE:
Lunge, Arme, Speise- und Luftröhre, Verstand

Es ist der ENGEL AMBRIEL, der mit den Energien des
Zwillings schwingt und damit dein Sein und Tun
bereichert – denn er fördert Wachstum. Dies indem
du dich öffnest für offene und wertschätzende
Kommunikation, die es dir ermöglicht, eine eigene
Wahrheit besser vertreten zu können.

ERGÄNZENDE ANREGUNG ZUM TAG:
Vision Boards, Collagen aus verschiedenen Bildern,
haben eine besonder kraftvolle Energie und wirken
wie eine Magnetkraft für deinen Alltag. Vielleicht ist
heute der richtige Tag, um mit so einem Board deine
Wünsche zu visualisieren und manifestieren und damit
Himmel und Erde zu verbinden.

Krebs-Energien für die Rauhnacht

Es sind die Aspekte des Neumonds im Krebs, die dich unterstützen werden. Gefühlsstärke ist eine der zentralen Themen dieses Zeichens. So geht es um Raum für Gefühle, sowohl um den der anderen als auch um den eigenen - und daraus in eine Eigenständigkeit zu gehen.

Es ist jetzt die Zeit, ein tiefes Verständnis für die eigenen Belange der Seele zu entwickeln, dafür bereit zu sein. Emotionale Verbundenheit mit deinem innersten Ich und zugleich Freiheit und Offenheit für mehr von Dir, deine Gefühle als der Wegweiser der neuen Zeit, und das Vertrauen und die Offenheit dich dafür hinzugeben, das ist es, was die Zeit sich von dir wünscht.

Die Energien des Krebs zeichnen v.a. die Empfindungs-fähigkeit und die Fähigkeit zu seelischer Liebe und Zärtlichkeit sowie das Vermitteln von Geborgenheit aus – dir selbst, deiner Familie und deiner Umwelt gegenüber. Oftmals sind es einfach nur alte Muster und Prägungen, die dich scheinbar davor verschließen. Die Energie von Krebs wird dem Element Wasser zugeordnet und symbolisiert damit das Fließende, stetig in die Tiefe – eine urweibliche Qualität.

*Die Verbindungen zu Familie sind manchmal gar nicht
vorhanden oder ungesund, zu eng vorhanden, spüre
nach, wie empfindest du es für deine Entwicklung und
dein Vorwärtschreiten?*

*Inwieweit hemmen dich übernommene Prägungen und
Muster aus deinem Familiensystem?*

DIE ENTSPRECHUNGEN DES KREBS AUF KÖRPEREBENE:
Magen, Brust, Lymphe

Es ist der ENGEL MURIEL, der mit den Energien des
Krebs schwingt und damit dein Sein und Tun bereichert
– Muriel unterstützt Gleichgewicht, auch ausgleichend
in männlichen : weiblichen Energien. Für den Tag
bedeutet dies z.B. auch manches annehmen (weiblich)
und ausdrücken (männlich) – so z.B. deine Talente und
Fähigkeiten. Muriel erinnert dich – „die Welt braucht
DICH".

Löwe-Energien für die Rauhnacht

Die Energien des Löwen haben eine starke Ausstrahlung, Gestaltungskraft, Licht und Wärme zeichnen den Löwen aus.
Löwen kommen oft weit und haben stolze Pläne. Die Energien des Löwen bergen in sich die Fähigkeit zur Selbständigkeit und zur Leistung. So unterstützen die Energien dabei, sich selbst zu managen, ein Unternehmen aufzubauen, seine schöpferischen Fähigkeiten weiterzuentwickeln. Selbstverwirklichung, Selbstbehauptung und Selbstausdruck ist der Auftrag, den diese Energien tragen.

Wie ist dein Handeln, selbstsicher, optimistisch und authentisch? Ist es möglicherweise ein Streben nach Bewunderung, allem anderen zuvor?

Wie ist das mit deinen Plänen, sind die Wege dahin oftmals von zu großen Schritten geprägt?
Übersiehst du, dass es oftmals auch in kleineren Schritten möglich wäre?

Die Entsprechungen des Löwen auf Körperebene:
Herz, Rücken, Haare, das Aussehen

Es ist der Engel Verchiel, der mit den Energien des Löwen schwingt, er unterstützt dabei, Ängste zu überwinden und sie darüber hinaus in Stärken zu verwandeln. Er stärkt das Vertrauen in die innere Stimme und ihrem Weg zu folgen. So gelangst du zu deiner inneren Quelle der Kraft und mit ihr erreichst du jegliches Ziel.

Souveränität ist auch ein Schlüsselbegriff des Löwen. Individualität ist wichtig, durchaus – dennoch sich „in die Mitte zu stellen" soll vielmehr der „inneren Mitte" entsprechen als jener Mittelpunkt des äußeren Geschehens.

Wie nimmst du dich dabei wahr?

Jungfrau-Energien für die Rauhnacht

Die Energien der Jungfrau sind wieder Erdenergien und als solche sind sie mit der Erde sehr verwurzelt, diese Energien tragen „beachtliches Wissen" und sie aktivieren in uns, dass wir diese „Vorräte" jederzeit hervorholen können -haben wir erst Zugang wird uns damit leichtes Lernen ermöglicht und sie zentrieren und in der Haltung von Klarheit und Ruhe. Welch Geschenk.

In welchem Bereich sehne ich mich nach mehr **Klarheit?**

Die Energien der Jungfrau zeichnen sich aus durch die Liebe zum Detail und auch durch die Fähigkeit den Dingen auf den Grund zu gehen, es kritisch auf Tauglichkeit zu prüfen, Spreu von Weizen zu trennen.

Wie steht es denn mit deiner Bereitschaft, **Probleme** *zu bereinigen?* **Ordnung** *in dein Leben zu bringen? In welchem Verhältnis stehen sich* **Ideale und Wunschträume** *gegenüber – und wie hinsichtlich zu deiner gelebten Realität des Alltags?*

Oftmals wünschen sich die Energien, dass wir die Defizite ausgleichen und sie in gelebte Balance bringen.

DIE ENTSPRECHUNGEN DER JUNGFRAU AUF KÖRPEREBENE:
Innere Organe, Hände, Körperbewußtsein,
Körperpflege

Es ist der ENGEL HAMALIEL, dessen Engelenergien der
Jungfrau zugeordnet werden, beschäftigen sie sich
mit der Vollkommenheit von Dingen, Gedanken und
Handlungen, Aufgaben oder Personen. Zu ihrem
Bereich gehören Forschung, Untersuchungen, Eleganz
und künstlerische Kreativität

Waage-Energien für die Rauhnacht

Die Energien der Waage öffnen in uns ein Potential für schöpfende Energie von Liebe und Harmonie. Es öffnet für die Kunst, die Schönheit und gilt nicht nur als ein ausgleichendes, sogar ein schmiedendes Prinzip. Insoferne unterstützen diese planetaren Energien auch darin, unsere eigene Schönheit in Form unserer Talente für Kunst, Musik und Gesang auszudrücken. Doch die Energien der Waage öffnen uns für noch viel mehr Qualitäten in unserem Leben – so u.a. Geselligkeit, guter Umgang, Strategie, Charme, seelische Weite ...

Das Tierkreiszeichen Waage trägt eine ausgleichende Kraft in sich.

In welcher Hinsicht könntest du dein Leben erleichtern? Welche Zwänge abstreifen? Wo sind Kompromisse nur Zusagen an andere, aber für dich selbst kein Kompromiss? Gibt es Aspekte, wo vielleicht deine Toleranz mehr Kraft bekommen sollte?

DIE ENTSPRECHUNGEN DER WAAGE AUF KÖRPEREBENE:
Nieren, Dickdarm

Es ist der ENGEL ZURIEL, der mit den Energien des Sternzeichens Waage schwingt – diese Engelenergien tragen in erster Linie zur Harmonie und Ausgeglichenheit bei, insofern unterstützt er Energien von Neubeginn und Geburt.

Skorpion-Energien für die Rauhnacht

Die Energien des Skorpion tragen das Potential von Unterbewusstem und Geheimnissen in sich und dabei mag man durchaus auf die „Geheimnisse des Lebens" verweisen. Die Energien von Skorpion öffnen uns dafür, um sie zu ergründen, in ihre Tiefe einzutauchen und hinter verborgene Schleier zu sehen, frei von Angst oder Bedenken, kein anderes Zeichen wagt sich so weit nach Innen in unbekannte und unerforschte Regionen unseres Selbst.

Welches sind deine Ängste in Zusammenhang mit Veränderung und Wandel in deinem Leben?

Die Energien, die sich im Skorpion für uns offenbaren sind mächtige Kräfte, Energien, die ins Außen drängen – wenn wir uns öffnen, sagen wir JA zu den Energien von Skorpion, dann offenbart sich uns die innere Welt, bereit, um sie ins Außen zu bringen und in unserem Leben zu leben.

Wo könnte es die „Macht der Gewohnheit" sein, die dich in deinem Wandel blockiert?

Die Entsprechungen des Skorpions auf Körperebene:
Geschlechtsorgane, Blase, Ausscheiden

Es ist der **Engel Brachiel**, der die Energien des
Skorpion begleitet und ist als solcher da, vor allem mit
dem Auftrag uns zu unterstützen im Wandel von Tod
und Wiedergeburt, von Anfang und Ende und
Ende als Anfang.

Schütze-Energien für die Rauhnacht

Die Energien des Schützen führen dich in die Weite, nicht nur auf äußerlichen Reisen, sondern auch auf innerliche und damit in weltanschauliche Erkenntnisse, was bedeutet, dass die Energien des Schützen drängen, raus aus der Enge der Materie hinein in die Weite des Geistes und offenbart uns damit Erkenntnisse und Erweiterung des Horizonts.

Wodurch erweiterst du deinen Horizont?

Zugleich bewahren diese Energien stets den Bezug zur Heimat und da v.a. zur inneren Heimat: in unserem Herzen, in unserer Seele. All dies offenbart sich in geistiger Ausdrucksfähigkeit, Offenheit und Toleranz, Beweglichkeit, Großzügigkeit, Idealismus, Expansion, geistiges Feuer, Ideenreichtum – und führt in persönliche und ideelle Freiheit und offenbart somit den Sinn des Lebens.

*Spürst du den **Sinn deines Lebens**? Wie sehr investierst du Zeit und Energie deines Daseins in die Verwirklichung deiner Ideale? Welche Ideen sind es, um die du bereits weißt, die aber endlich wirklich in die Welt getragen werden wollen?*

DIE ENTSPRECHUNGEN DES SCHÜTZEN AUF KÖRPEREBENE:

Hüften, Oberschenkel, Blutgefäße, Nerven

Es ist der ENGEL ADVACHIEL – er unterstützt uns um über unsere eigene Umgebung hinauszukommen, unseren Radius zu erweitern und unser Potential zu entfächern und in seiner ganzen Größe darzubieten.

DIE RAUHNÄCHTE
Schwellenzeit im Jahr
Die Karten der Erkenntnis

Die Karten der Erkenntnis

Im nachfolgenden werden 108 Energiequalitäten
beschrieben, die den Energien der neuen Zeit
zuzuordnen sind.

Die Beschreibung als solche ist kurz gefasst und
subjektiv in die eigenen Worte der Autorin gebettet.
Es ist somit weder als erschöpfend noch als vollständig
anzusehen, dennoch als Anregung zu verstehen.

Jegliche Energiequalität kann in uns bereits als
vollständig frei oder nur teilweise zugänglich angelegt
sein, es sind immer wir selbst, die es uns erlauben
oder uns davor verschließen die Qualitäten in ihrem
ganzen Potential für unser Leben zu entfalten, zu
nützen und zu leben.

Inwieweit uns das möglich ist, liegt zumeist
in der Geschichte sowie den Erfahrungen der
individuellen Person und der damit verbunden
Persönlichkeitsentwicklung begründet.

Jeglicher Aspekt kann sich in einem Schatten-
oder Lichtaspekt zeigen. Was bedeutet, dass ein
Ungleichgewicht sich insofern darstellt, als dass zu
viel oder zu wenig davon als Eigenschaft im Leben
Raum bekommt bzw. gelebt wird.

Wie du mit den Karten für die Rauhnächte arbeitest

Auf jeder Karte stehen drei Begriffe. Dein Unterbewusstsein hat so die freie Wahl, auf welches Thema es sich einlassen möchte.

Breite das Kartenset in einem Halbkreis vor dir aus - oder belass es in einem Stapel - erlaube dir stets, deinen ganz individuellen Zugang zur Arbeitsweise zu finden. Ziehe eine oder mehrere Karten.

Betrachte die Wörter mit einem „weichen Blick", das bedeutet nimm das Informationsfeld als Ganzes auf, und schau mit welchem der drei Wörter du als erstes in Resonanz gehst. Dies ist das Thema, dem du dich zuwenden sollst. Arbeite dann mit dem Begriff weiter, lese die Impulse im folgenden dazu nach, nimm die Anregungen auf und achte auf die Antworten und Reaktionen deines Unterbewusstsein.

Habe Mut für deinen individuellen Zugang und deinen ganz persönlichen Weg.

Möglichkeit 1

Ziehe eine Karte als Hinweis.

Welches Thema ist es, das dich begleitet?

Möglichkeit 2

Lege dir drei Karten:

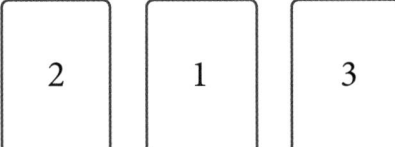

Sie beantworten dir die Fragen

1) Welches ist aktuell der zentrale Aspekt?
2) Was hat in der Vergangenheit dazu beigetragen, als
   dass die aktuelle Situation sich heute so zeigt?
3) Welcher Aspekt könnte in der Zukunft hilfreich
   für dein Vorwärtskommen sein?

Möglichkeit 3

Ziehe fünf Karten:

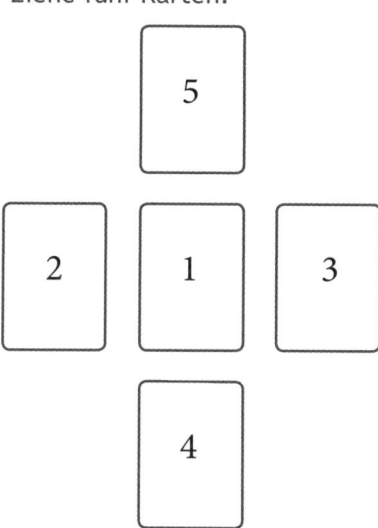

1) Diese Karte benennt dir das aktuelle Thema
2) Diese Karte liefert dir einen Hinweis, was zur aktuellen Situation beigetragen hat
3) Diese Karte zeigt die Richtung auf, in die es gehen soll
4) Diese Karte liefert dir einen Hinweis, welches Thema das Gesamte unterstützen kann
5) Diese Karte offenbart dir „die Krone". Dieses Thema steht sozusagen über allem, alles andere, 1-4 sind Bereiche, aber dieses Thema nennt dir „die Kür". Wage es Meister/Meisterin deines Lebens zu sein und setz dir die Krone auf und wende dich diesem Thema zu.

Achtsamkeit

beschreibt eine bestimmte Form der Aufmerksamkeit,
die sich auf den gegenwärtigen Moment bezieht (statt
auf die Vergangenheit oder die Zukunft), frei von
Wertung ist und gegenüber Körper, Empfindungen,
Geist sowie Objekten oder Dingen empfunden wird.

*Fühle nach Innen, gehe in Resonanz zu deinem
Thema/der aktuellen Situation: kannst du dies allem
„in Achtsamkeit" begegnen, v.a. aus der Haltung des
JETZT?*

Ästhetik

bezeichnet die wahrnehmbare Schönheit, von
Gesetzmäßigkeiten und Harmonie in der Natur und
Kunst.
Wir verwenden es auch oft um etwas als schön,
geschmackvoll oder ansprechend zu beschreiben.

*Fühle nach Innen, und spüre die Energiequalität von
Ästhetik – was bedeutet es für dich und für dein
alltägliches Leben, im speziellen in Verbindung mit
dem aktuellen Thema / der Situation?*

Anpassungsfähigkeit

beschreibt die Fähigkeit, sich auf geänderte
Anforderungen und Gegebenheiten einer Umwelt
einzustellen.
Sind wir zu sehr festgefahren, ist unsere Bindungs- und
Verhaltensstruktur starr.

*Fühle nach Innen, gehe in Resonanz zu deinem
Thema/der aktuellen Situation – ist da Raum für*

Flexibilität, für Veränderung? Oder spürst du eher feste Strukturen und festhalten an den Dingen/ Situationen/Vorstellungen?

Aufgabe

bezeichnet den Auftrag, die Forderung oder Verpflichtung, die jemandem zu tun aufgegeben ist.

Fühle in dir nach, hast du die Aufgabe, die das Leben an dich stellt wahrgenommen? Bist du dir ihrer bewusst?

Ausrichtung

sich auf ein bestimmtes Ziel oder einen Wunsch klar auszurichten, bündelt die Kräfte und Energien. Vielfach wagen wir es gar nicht zu „riskieren" unseren Fokus darauf zu richten, denn: Was wenn es tatsächlich wahr wird?

So fühle in dir nach, willst/wagst du es wirklich wirklich, dass das Ziel/der Wunsch Teil deines Lebens wird?

Balance

bedeutet Gleichgewicht. Das Bild der Waage gehört sozusagen dazu - zwei werden auf die Waagschale gelegt - und ist es in Balance, ist es im Gleichgewicht. Im weiteren Sinn ergibt sich dann die Stimmigkeit und in unserer Sprachverwendung „innere Ruhe".

Fühle nach Innen, gehe in Resonanz zu deinem Thema/der aktuellen Situation – ist da Balance, Gleichgewicht? Oder kannst du noch etwas beitragen, um es herzustellen?

Begeisterung

beschreibt die Freude, die Entzückung, das Interesse für eine Sache, ein Ereignis oder Geschehen.
Im Wort findet wir das Wort „Geist": Be-Geist-erung.

Spüre nach Innen, dies im Kontext zum aktuellen Thema / der Situation: Kannst du den Atem deines Lebens, Teil deines Selbst darin wieder finden?

Bescheidenheit

bezeichnet eine Verhaltensweise von Menschen, wenig von etwas für sich zu beanspruchen und/oder zugunsten anderer auf etwas zu verzichten.

Fühle nach, braucht es für dich mehr – oder weniger von Bescheidenheit?

Beständigkeit

Auf der Basis von Dauer und Regelmäßigkeit entsteht Beständigkeit, sie gibt uns Stabilität und dem ganzen Haltbarkeit.
So sehr uns das unterstützen kann, ebenso kann es uns anhaften lassen.

Deshalb, welche Qualität bedeutet Beständigkeit dir in der aktuellen Situation/Thema? Ist es eine Basis oder eher eine Fessel?

Charme

bezeichnet eine bestimmte Art der Ausstrahlung eines Menschen, insbesondere im Sinne eines bezaubernden, gewinnenden Wesens.
Um unser Potential von Charme zu leben braucht es immer eine „offene Art".

Nimm Kontakt mit deinem inneren Selbst auf, und fühle nach, erlaubst du dir dein offenes Wesen in all seiner Liebenswürdigkeit der Welt zu zeigen?

Demut

Bezeichnet einerseits eine „Dienstwilligkeit" und setzt andererseits eine Bereitschaft zur Unterwürfigkeit voraus. Im Kontext hier, die Offenheit „die Dinge" an das Höhere abzugeben, im Vertrauen, dass das Beste geschieht.

Fühle nach Innen, gehe in Resonanz zu deinem Thema/der aktuellen Situation – kannst du dies allem „in Demut" begegnen?

Ehrgeiz

fühlen wir im Streben nach Zielen, Erfolg und Ehre, dies stark und manchmal auch übertrieben intensiv. Ein Mensch, der nach Zielen strebt, öffnet sich auch dem Wachstum; es ist fast immer der Einfluss von Erziehung, als dass wir zu sehr in die eine oder die andere Richtung kippen.

Fühle nach, braucht es für dich mehr - oder weniger von Ehrgeiz?

Ehrlichkeit

beschreibt die Eigenschaft, zu sich selbst zu stehen, nichts zu beschönigen und die Wahrheit zu sagen, und dies auch im Leben und Verhalten entsprechend auszudrücken.

Dies bedeutet im Leben, dass man oftmals Mut
und Rückgrat dazu braucht, es ist nicht immer der
angenehmste Weg.

*Fühle nach Innen, gehe in Resonanz zu deinem
Thema/der aktuellen Situation - ist die Ehrlichkeit
wirklich gegeben, in erster Linie dir selbst gegenüber?
Und dann gegenüber deinem Umfeld? Wenn nein,
warum nicht?*

Einladung
bezeichnet die Aufforderung, etwas zu tun.

*Fühle nach Innen, dies im Kontext zur aktuellen
Situation/dem Thema, spüre die Einladung des Lebens
an dich - wie drückt sie sich aus?*

Empfindsamkeit
Bezeichnet die Fähigkeit zu fühlen, eine Wahrnehmung
im Außen aufzunehmen und in deine Gefühlswelt nach
Innen zu transportieren. So ist in diesem Kontext das
Fühlen nach Innen gerichtet, es geht also um das
persönliche Gefühlsleben, dabei aber nicht nur um
die eigenen Gefühle, sondern durchaus auch jene der
anderen.

So geht es hier auch um die Fähigkeit und
Bereitschaft, Gedanken, Emotionen, Motive und
Persönlichkeitsmerkmale einer anderen Person zu
erkennen und zu verstehen.

Spüre der Qualität von Empfindsamkeit nach, durchaus
auch im Kontext zu einem bestimmten Thema oder

einer aktuellen Situation. Welches sind spontan, ohne
darüber nachzudenken, deine Wahrnehmungen dazu?

Entschlossenheit

bedeutet der inneren Kraft zu folgen, etwas
Bestimmtes zu tun; dies mit einer ausgerichteten
Haltung und Bewusstheit für das Ziel.

Wenn den eigenen Schritten und dem eigenen Weg die
Entschlossenheit fehlt, dann oftmals deshalb, weil wir
übersehen haben, den entsprechenden „Entschluss" zu
fällen.

*Fühle nach Innen und fühle der Kraft der
Bestimmtheit nach und erlaube dir, ganzen Herzens,
deinen ‚eigenen‘ Entschluss zu fassen.*

Erfüllung

ist der Eintritt von Befriedigung im Hinblick auf ein
angestrebtes, formuliertes Ziel.
Ohne konkretes Ziel, ohne Wunsch, zuvor formuliert,
fehlt oftmals die Erfüllung.

*So fühle in dir nach, welches ist das Ziel/der Wunsch
Teil zu dem du uneingeschränkt „Ja" sagst ?*

Ernte

bezeichnet die Gesamtheit der Ergebnisse / Erträge
Gerade im Kontext zu unserem Leben sind wir nicht
immer offen für die Gesamtheit, sondern beschränken
uns auf einen Ausschnitt.

So fühle in dir nach, gehe in Resonanz zum aktuellen Thema / der Situation und fühle nach, bist du offen und bereit dafür, alles zu empfangen, auch „alles", was dazu gehört?

Familie
bezeichnet man eine engere Verwandtschaftsgruppe, zumeist aus Eltern bzw. Erziehungsberechtigten und Kindern bestehend.

Im Lateinischen bedeutet der Begriff „Hausgemeinschaft".

Fühle nach und erlaube dir, es im weiteren Sinne zu betrachten, welche Menschen sind dir wichtig im „Haus deines Lebens"?

Festigkeit
beschreibt eine bestimmte Spannung in einer Sache (oder einem Stoff) und stellt damit eine Eigenschaft dar. Aus ihr kann maximal erreichte Kraft bezogen werden.

So fühle in dir nach, gehe in Resonanz zum aktuellen Thema / der Situation und fühle nach, ist diese Kraft für dich da, aktiviert und verfügbar?

Freiheit
beschreibt die Möglichkeit, ohne Zwang zwischen verschiedenen Möglichkeiten auswählen und entscheiden zu können.
Es bedarf im Folgenden dann der Selbstbestimmung des Willens und des Handelns.

Fühle in dir nach, bist du bereit auch dein Wollen und Handeln selbst zu bestimmen und Verantwortung dafür zu übernehmen?

Freiraum

bedeutet die Freiheit an Raum, Zeit und Möglichkeit zu gewähren, die eine Person oder eine Gruppe zur Entwicklung, Definition und Entfaltung ihrer Identität und Kreativität benötigt.

Indem wir dies dem anderen geben, muss es nicht zwangsläufig heißen, dass wir selbst zugleich auf den eigenen Freiraum verzichten.

Spüre deinem Freiraum in der aktuellen Situation / Thema nach. Ist der Raum, den du dir dafür zugestehst für dich ausreichend oder braucht es Veränderung?

Freundlichkeit

beschreibt das anerkennende und liebenswürdige Verhalten eines Menschen, aber auch die innere wohlwollende Geneigtheit gegenüber seiner sozialen Umgebung.

Im Wort Freundlichkeit begegnen wir auch dem Wort „Freund".

Fühle in dir nach, gibt es in dir die Bereitschaft, mit allem was dir im Leben begegnet, „Freund" zu werden?

Freundschaft

beschreibt die positive Beziehung und Empfindung zwischen Menschen, die sich als Sympathie und Vertrauen zwischen ihnen zeigt.

Freundschaft beruht auf Zuneigung, Vertrauen und
gegenseitiger Wertschätzung.

*Gehe nach Innen, und nimm innerlich mit deinen
Freundschaften Kontakt auf, fühle nach, beruhen sie
auf gleichwertiger Gegenseitigkeit?*

Fülle

beschreibt die Vielfalt und den Reichtum, beschränkt
sich dabei aber nicht auf materielle Dinge.
Fülle wahrnehmen zu können ist Basis dafür als dass
man sich auch auf materieller Ebene der Vielfalt und
dem Reichtum öffnen kann.

*Fühle in dir nach, bist du offen für die „Fülle" oder
dazu verleitet und damit auch begrenzt, Fülle als
Reichtum nur in materiellen Dingen zu messen?*

Fürsorge

bezeichnet die Sorge für andere Personen.
Ausgewogen für andere aber auch für sich sorgen zu
können, stellt Balance im Leben her. Es braucht das
eine wie das andere.

*Fühle nach Innen, gehe in Resonanz zu deinem
Thema/der aktuellen Situation und spüre der
Energiequalität von „Fürsorge" nach. Ist sie
ausgewogen, für dich wie für die anderen Beteiligten?
Oder kannst du noch etwas an einer Seite dazu
beitragen?*

Geburt

> beschreibt den Prozess am Ende einer
> Schwangerschaft.
> Das Wort Geburt stammt vom Verb gebären ab, dies
> in seiner Bedeutung „tragen, bringen" verwandt ist,
> wörtlich also als „austragen, zu Ende tragen".
>
> *Fühle nach Innen, gehe in Resonanz zu deinem*
> *Thema/der aktuellen Situation und spüre in den*
> *Augenblick der Geburt, ist „jetzt" bereits der richtige*
> *Zeitpunkt dafür? Oder braucht es einfach noch die*
> *Geduld bis dahin?*

Geduld

> beschreibt die Fähigkeit zu Warten, denn für so
> manches braucht es einfach den rechten Augenblick.
> Ein Start zu früh begrenzt oftmals die Möglichkeiten -
> der andere Aspekt allerdings ist auch das Verweilen in
> der Geduld, die schon eher dem „Ertragen" der Dinge
> und Situation zuzuordnen ist.
> *Spüre deiner Geduld in der aktuellen Situation /*
> *Thema nach. Findest du dich wieder im „Erwarten",*
> *bereit für den Sprung - oder ist es eher ein Rückzug*
> *und Verharren?*

Geheimnis

> beschreibt etwas Unerforschtes; eine Sache, die nur
> Eingeweihten bekannt ist und dem
> Betrachter im Moment noch unklar ist.
>
> *Fühle in dir nach, gibt es in dir die Bereitschaft,*
> *dem Geheimnis deines Selbst zu begegnen, es zu*
> *erforschen, zu ergründen und Klarheit zu finden?*

Genuss

> beschreibt die positive Sinnesempfindung, die mit
> körperlichem und / oder geistigem Wohlbehagen
> verbunden ist.
> Beim Genießen ist mindestens ein Sinnesorgan
> angesprochen und bereitet inniges Vergnügen.

> *Spüre der Qualität von Genuss in der aktuellen
> Situation / Thema nach. An welchen Punkten braucht
> es Veränderung, um diesen wieder herzustellen?*

Gerechtigkeit

> bezeichnet einen idealen Zustand des sozialen
> Miteinanders, der Verteilung von Gütern und Chancen
> zwischen den beteiligten Personen oder Gruppen.

> *Spüre der Qualität der Gerechtigkeit in der aktuellen
> Situation / Thema nach. An welchen Punkten braucht
> es Veränderung um diese wieder herzustellen?*

Geselligkeit

> bezeichnet das menschliche Miteinander und den
> Austausch.
> Sie dient gleichermaßen der Zerstreuung und
> Unterhaltung wie der Identitätsstiftung und
> Einbindung in die Gesellschaft.

> *Fühle nach Innen und fühle der Energie deiner
> Geselligkeit nach. Hat sie angemessenen Platz in
> deinem Leben?*

Gewohnheit

> beschreibt die Wiederholung einer Reaktion unter
> gleichartigen Bedingungen.

Es gibt Gewohnheiten des Fühlens, Denkens und Verhaltens.

Spüre der Qualität der Gewohnheit im Kontext zur aktuellen Situation / dem Thema nach. Ist die Gewohnheit hier als solche förderlich oder hinderlich? Warum?

Glaube

kommt vom lateinischen Wort credere (vgl. Credo und Kreditor) von cor dare: „das Herz geben/schenken". Betrachtet man dazu die griechische Wurzel, so ist die Grundbedeutung „Treue, Vertrauen"

Fühle nach Innen, gehe in Resonanz zu deinem Thema/der aktuellen Situation - kannst du ihm das Herz schenken?

Gleichgültigkeit

Es ist gültig, das eine wie das andere. Mit anderen Worten: Wir bewerten etwas als genauso gültig wie das andere. Dies zeugt von Respekt vor der Gültigkeit des Anderen.
In einer anderen Form erleben wir Gleichgültigkeit oftmals als Teilnahmslosigkeit.

Spüre der Qualität von Gleichgültigkeit im Kontext zur aktuellen Situation / dem Thema nach. Kannst du die Position und Erfahrungsräume der anderen Beteiligten ebenso als gleich gültig in einer aktiven eigenen Haltung wahrnehmen? Oder gelingt dir das nur mit Rückzug und ohne Teilnahme deiner Selbst?

Großzügigkeit

besteht darin, ohne Verpflichtung oder Zwang,
anderen Leistungen oder Werte in einem Umfang
zukommen zu lassen, die über das normale Maß oder
das üblicherweise zu Erwartende hinausgehen.
Der Großzügige hängt nicht an Kleinigkeiten oder sieht
über Unwichtiges oder Fehler von anderen hinweg.

*So betrachte die Situation / das Thema und deinen
Standpunkt, wo braucht es Großzügigkeit, um den
nächsten Schritt auf deinem Weg setzen zu können.*

Gutmütigkeit

Guten Mutes zu sein, bedeutet auch, Vertrauen zu
haben und den Dingen mit Wohlwollen gegenüber zu
stehen. Es bedeutet nicht, auf das eigene Terrain zu
verzichten.

*So betrachte die Situation / das Thema und deinen
Standpunkt, bist du auch für dich selbst guten Mutes?*

Harmonie

bedeutet die Vereinigung von Entgegengesetztem
zu einem Ganzen als dass es dann in Einklang und
Eintracht eine Einheit ergibt.

*Fühle nach Innen, gehe in Resonanz zu deinem
Thema / der aktuellen Situation - kannst du den
Ansatz von Harmonie erkennen? Braucht es noch
Ergänzendes?*

Herkunft

beschreibt den Ursprungsort eines Lebewesens bzw.

die Abstammung von Vorfahren, genetisch oder im
sozialen Zusammenhang hergeleitet.
Die Verbindung zur Herkunft beeinflusst uns in freier
oder unfreier Gestaltung.

*Fühle nach Innen, und spüre die Verbindung zu
deiner Herkunft, wie immer du sie bezeichnest,
entsteht in dir damit Enge oder Weite? Positive oder
einschränkende Resonanz?*

Herzlichkeit

beschreibt die von Innen kommende Freundlichkeit
sowie eine herzliche Verhaltensweise
mit Gefühlswärme, Gutherzigkeit, Innigkeit,
Liebenswürdigkeit.
All das, was das Herz bereit ist zu geben, ist frei von
Erwartung einer Gegenleistung.

*Fühle nach Innen, gehe in Resonanz zu deinem
Thema/der aktuellen Situation, und ergründe, was
bist du bereit „von Herzen" zu geben, bedingungslos,
erwartungslos?*

Hilfsbereitschaft

bedeutet, bereit dafür zu sein, mitzuwirken um
einen erkannten Mangel oder eine änderungswürdige
Situation zu verbessern.
Nicht immer ist das ausgewogen zum eigenen Besten.
Manche neigen darin zu Aufopferung, andere machen
die Erfahrung, ausgenützt zu werden.

*Fühle nach Innen und fühle der Energie deiner
Hilfsbereitschaft nach. Wie verhält sie sich?*

84

Hingabe

beschreibt eine große innere Beteiligung und innere Bereitschaft, sich für oder an jemanden bzw. etwas rückhaltlos hinzugeben.
Voraussetzung dafür ist immer Vertrauen, und ein Loslassen des eigenen Kontrollbedürfnisses, selbst wenn man damit Unsicherheit verbindet.

Fühle nach Innen, gehe in Resonanz zu deinem Thema/der aktuellen Situation - bist du bereit dich deinem Leben „hinzugeben", einerlei was es dir bringen mag?

Ichbewusstsein

bezeichnet man das Bewusstsein der Ich-Identität oder das Wissen des Individuums um seine Identität.
Es ist das Ergebnis der inneren Wahrnehmung.

Fühle nach Innen, gelingt es dir DICH „wahr" zu nehmen?

Idealismus

bedeutet die Verwirklichung von ethischen Idealen unbeachtet persönlicher Belange. Idealismus kann eine wertvolle Kraft sein, die vieles erst möglich macht. Ist sie aber der alleinige Motor, ist die Gefahr groß, sich darin zu erschöpfen.

Fühle nach Innen und fühle der Energie von Idealismus nach. Ist deine innere Resonanz dazu stimmig?

Illusion

beschreibt eine falsche Wahrnehmung der Realität.

Es gibt viele Gründe warum man dazu neigt, die Realität anders wahrzunehmen als sie ist, oftmals geschieht dies aus dem unbewussten Bedürfnis sich selbst zu schützen.

Fühle in dir nach, gibt es in dir die Bereitschaft, alle Illusionen loszulassen und bist du bereit, im Spiegel die Tatsachen des Lebens zu sehen?

Individualität

bedeutet dass ein Mensch einzigartig ist, daher unvergleichlich und auch unverwechselbar.
Wenn wir dies erkennen, dann damit auch, dass jegliches Vergleichen eine Sackgasse bedeutet und man nur jedes Sein und jedes Ergebnis ohne Vergleich bewerten/analysieren kann.

Betrachte die Situation/das Thema und deinen Standpunkt, wo neigst du dazu Vergleiche zu ziehen, oder etwa gar, dich anzupassen?

Innehalten

bedeutet mit einem Tun für kürzere Zeit aufhören, etwas zu unterbrechen und eine Pause einzulegen.
In diesem Stopp wird es möglich, dass man eine andere Sicht auf die Dinge bekommt, manchmal versuchen wir dies unbewusst zu verhindern.

Fühle nach Innen und stelle Verbindung zum aktuellen Thema/der Situation her. Braucht es ein Innehalten? Kann es hilfreich sein? - Oder in seiner anderen Darlegung, verleitet dich das Innehalten dazu, etwas zu verzögern?

Initiative

beschreibt die Fähigkeit einer Person, aus eigenem Antrieb zu handeln, Entscheidungen zu fällen oder Unternehmungsgeist an den Tag zu legen bzw. Gestaltungsmöglichkeiten wahrnehmen.
Im nächsten Schritt bedeutet es aber auch die Verantwortung dafür zu übernehmen.

Fühle in dir nach, bist du bereit die Verantwortung für jegliches Tun und Nichttun zu übernehmen?
Bist du bereit deine eigene Initiative in dein Leben einzubringen?

Interesse

beschreibt die Anteilnahme bzw. die Aufmerksamkeit, die eine Person an einer Sache oder einer anderen Person entgegenbringt.
Im nächsten Schritt bedeutet es auch, dass man damit sich selbst mit seiner Anteilnahme bzw. Aufmerksamkeit einbringt.

Fühle in dir nach, gehe auch in Kontext mit dem Thema / der Situation und fühle nach, bist du bereit dich SELBST einzubringen, mit Interesse für dein Leben, den Weg dazu und die nächsten Schritte?

Intuition

bezeichnet die Fähigkeit, Einsichten in Sachverhalte zu erlangen, ohne direkten Gebrauch des Verstandes, also etwa ohne bewusste Schlussfolgerungen.
Intuition ist ein Teil kreativer Entwicklungen.

Fühle nach Innen, spüre deiner Energiequalität von Intuition nach. Erhält sie genug Raum?

Kommunikation

ist der Austausch oder die Übertragung von
Informationen.
Kommunikation stammt aus dem Lateinischen
communicare und bedeutet „teilen, mitteilen,
teilnehmen lassen; gemeinsam machen, vereinigen".
In dieser ursprünglichen Bedeutung ist eine
Sozialhandlung gemeint, in die mehrere Menschen
einbezogen sind.

Betrachte die Situation/das Thema und deinen
Standpunkt, welche andere Menschen fallen dir
spontan ein, um sie an deiner Sache zu beteiligen?

Konflikt

beschreibt die Situation, wenn Interessen,
Zielsetzungen oder Wertvorstellungen von Personen,
oder gesellschaftlichen Gruppen unvereinbar sind oder
erscheinen.
Dahinter stehen oft unterschiedliche Werte, die zu
unterschiedlichen Beurteilungen, Gefühlen und Zielen
führen, aus denen die Konfliktparteien gegensätzliches
Verhalten ableiten.

Fühle nach Innen, betrachte die Situation/das Thema
und deinen Standpunkt und nimm auch jene der
anderen wahr und öffne dich dafür zu erkennen,
welches dein Anteil als Ursache für den etwaigen
Konflikt ist.

Kreativität

Der Begriff Kreativität geht auf das lateinische Wort „creare" zurück, was so viel bedeutet wie „etwas neu schöpfen, etwas erfinden, etwas erzeugen, herstellen" Der Begriff enthält als weitere Wurzel das lateinische „crescere", das „geschehen und wachsen" bedeutet.

So betrachte die Situation/das Thema - „ Aktives Tun und passives Geschehen-Lassen" - sind es beide Aspekte denen du in deinem Kreativitätsprozess Raum schenkst?

Lebhaftigkeit

beschreibt die Summe aller aktiven Kräfte die in dir sind, um etwas zu beleben, begeistern oder zu bewegen.
Dies in einem Zustand von Freude und Lebendigkeit.

Fühle nach Innen, betrachte die Situation/das Thema und spüre: Was brauchst, was kannst du zu deinem Leben beitragen, um es lebendiger zu machen?

Lernen

beschreibt den Erwerb von geistigen, körperlichen, sozialen Kenntnissen, Fähigkeiten und Fertigkeiten. So ist Lernen als ein Prozess eine Veränderung des Verhaltens, Denkens oder Fühlens aufgrund von Erfahrung oder neu gewonnenen Einsichten und Verständnissen.

Fühle nach Innen, betrachte die Situation/das Thema und spüre: Was brauchst du ergänzend, erweiternd oder sonst irgendwie, um im Thema / auf deinem Weg den nächsten Schritt setzen zu können?

Liebe

beschreibt die stärkste Zuneigung und Wertschätzung, die ein Mensch einem anderen bzw. anderen Lebewesen, Dingen, Tätigkeiten oder Ideen entgegen zu bringen in der Lage ist.
Der Erwiderung bedarf sie nicht.

Fühle nach Innen, dies im Kontext zum aktuellen Thema / der Situation und spüre der Energiequalität von Liebe, die du fühlst, nach. Empfindest du sie als bedingungslos?

Loslassen

bedeutet nicht mehr festhalten, etwas freilassen, der Fesseln entledigen, die Freiheit schenken.

Fühle nach Innen, dies im Kontext zum aktuellen Thema / der Situation, wo ist es schon längst angebracht „loszulassen" damit du „frei" für etwas Neues bist?

Lust

beschreibt eine intensiv angenehme Weise des Erlebens.
Dies auf unterschiedlichen Ebenen der Wahrnehmung, Aktivitäten, Tätigkeiten oder als Bestandteil des sexuellen Erlebens

So fühle in dir nach, hast du denn wirklich „Lust" auf dein Leben?
Oder steht diesem Empfinden etwas im Weg?

Meditation

beschreibt eine spirituelle Praxis, in der sich der Geist
beruhigt und sammelt, dadurch wird das Bewusstsein
erweitert.
Das Gebet als Gespräch mit Gott - die Meditation als
Hinhören zur Antwort.

*Schließe deine Augen und atme bewusst – ein und
aus. Schenk die Aufmerksamkeit deinem Atem. Werde
ruhig und genieße die Stille. Für einen Augenblick,
oder länger. Dasselbe für die aktuelle Situation / das
Thema - schenke ihr das Innehalten und die Stille.*

Mitgefühl

beschreibt die Fähigkeit, Gedanken, Emotionen,
Absichten und Persönlichkeitsmerkmale eines anderen
Menschen oder eines Tieres zu erkennen und zu
verstehen.
Mitfühlen bedeutet nicht Mitleiden. Leiden schwächt
deine Energie. Anteilnahme aktiviert sie und stärkt
dich für Handlungen.

*Fühle nach Innen, gehe in Resonanz mit der Situation/
dem Thema und fühle nach, was ist angebracht?*

Mitteilsamkeit

beschreibt Redeseligkeit, Redefreudigkeit,
Gesprächigkeit.
Oftmals erscheint es schwierig, Stille auszuhalten
und sie wird mit ununterbrochenem Gesprächigsein
überlagert - dabei ist es die Seele, die eben in dieser
Stille ihre Mitteilungen übermitteln möchte.

Erlaube dir die Stille, deinem Geist die Ruhe und nimm Verbindung mit dem aktuellen Thema/der Situation auf und schenke deiner inneren Stimme Raum, sich dir mitzuteilen.

Mut

bedeutet, dass man sich traut und fähig ist, etwas zu wagen und dabei auf guten Ausgang hofft bzw. vertraut.

Mut in einer Situation zu zeigen, muss sich nicht auf etwas tatsächlich Gefährliches beziehen, zumeist ist es die Begegnung mit dem Unbekannten.

Fühle nach Innen, gehe in Resonanz mit der Situation/ dem Thema und fühle nach, bist du guten Mutes, nächste Schritte zu wagen?

Neubeginn

beschreibt den wiederholten Anfang, ein Neuanfang als zeitlichen oder räumlichen Ausgangspunkt einer Sache oder eines Prozesses.

Vor dem (Neu)Beginn liegt immer eine bewusste Entscheidung.

Spüre nach Innen, gehe in Resonanz mit dem Thema/ der Situation und erlaube dir die Bewusstheit, dass jedes Ende mehrere Anfänge haben kann, und fühle nach ob es in dir ein inneres JA für einen Neuanfang gibt.

Neugierde

beschreibt das Verlangen, Neues zu erfahren und insbesondere Verborgenes kennenzulernen.

Seit jeher machen Menschen die Erfahrung, dass die
Erkundung von Neuem oft mit Gefahren verbunden ist
und/oder Chancen eröffnet.
*Spüre nach Innen, betrachte die Situation/das Thema
und deinen Standpunkt, erlaubst du dir, um vorwärts
zu kommen, neugierig zu sein?*

Offenheit

bezeichnet die Bereitschaft, sich mit jemandem bzw.
etwas unvoreingenommen auseinanderzusetzen und
gegebenenfalls auch traditionelle Werte in Frage zu
stellen. Im Alltag drückt es sich zumeist in Interesse
gegenüber dem Neuen aus.
*Spüre nach Innen, betrachte die Situation/das Thema
und deinen Standpunkt, erlaubst du dir die Offenheit
um Neuem zu begegnen?*

Optimismus

beschreibt eine Auffassung, wonach die Welt die
beste aller möglichen Welten ist, in der alles gut und
vernünftig sei oder sich zum Besseren entwickelt.
Man ist bereit, die Welt von der besten Seite zu
betrachten, und selbst in seiner Haltung zuversichtlich
und positiv zu sein, hinsichtlich Ergebnis und Zukunft.

*Spüre nach Innen, betrachte die Situation/das Thema
und benütze den Optimismus als Magnet, als dass du
in der Situation das Bestmögliche erkennen kannst.*

Ordnung

beschreibt eine einheitliche Darstellung/Systematik
und in einem anderen Zusammenhang den Zustand von
Aufgeräumtheit.

Beides ist hilfreich um eine Übersicht über die
Situation zu haben. Dennoch gilt es, sich nicht zu
Verlieren im Herstellen der Ordnung.

*Fühle nach Innen, gehe in Resonanz mit der Situation/
dem Thema und fühle nach, ist die Ordnung bereits
hergestellt, oder braucht es noch einen Input von
deiner Seite?*

Organisation

bezeichnet die Gliederung, Planung bzw. Struktur um
zu einem Ergebnis zu gelangen.
Selbiges ist auch möglich durch Zusammenschluss von
Personen zur gemeinsamen Durchsetzung bestimmter
Interessen bzw. Zielsetzungen.

*Fühle nach Innen, gehe in Resonanz mit der Situation/
dem Thema und fühle nach, welcher Baustein, den
du einbringst, könnte hilfreich sein, als dass die
Zielerreichung von besserer Organisation unterstützt
ist?*

Phantasie

bezeichnet eine kreative Fähigkeit des Menschen und
der Begriff ist zumeist mit dem Bereich des Bildhaften
verknüpft (Erinnerungsbilder, Vorstellungsbilder).
Um den Zugang zur Phantasie zu erhalten, braucht
es auch, dass ihre Energie „Kanal bekommt", d.h.
genützt werden will.

*Spüre nach Innen und damit der Energie und der
Qualität von Phantasie nach. Darf sie für dich frei
fließen?*

Pläne

sind eine Absicht oder ein Vorhaben und beschreiben die Vorstellung von der Art und Weise, in der ein bestimmtes Ziel verfolgt, ein bestimmtes Vorhaben verwirklicht werden soll.

Fühle nach Innen, gehe in Resonanz mit der Situation / dem Thema, deinen Vorhaben und fühle nach, was braucht es, was könntest du tun, als dass die Qualität des Planes konkret wird und von dir aktiv als Schöpferkraft genutzt wird?

Prüfung

beschreibt eine Situation des Testes, in der man Leistungen objektiv betrachtet, um den Umfang von Fähigkeiten, Wissen oder Können festzustellen. Es gibt keine höhere Instanz, die das Bedürfnis hat dich zu prüfen. Jegliche Situation, die sich dir scheinbar so darstellt, eröffnet dir nur eine Möglichkeit der Erfahrung.

Erlaube dir das aktuelle Thema / die Situation aus dieser Betrachtungsweise zu sehen: „nur eine Erfahrung". Wie verändert es sich dadurch für dich?

Raum

definiert sich als Ausdehnung in Höhe, Länge und Breite und bezeichnet den zur Verfügung stehenden Platz, dies in Vorstellung oder Wirklichkeit.

Spüre nach Innen, betrachte die Situation / das Thema und deinen Standpunkt, erlaubst du dir bzw. dem Gesamten ausreichend Raum?

Reichtum

> bezieht sich auf die Verfügbarkeit von materiellen
> oder immateriellen Gütern, die das Leben bereichern.
> Heutzutage wird Reichtum häufig quantitativ auf Geld
> und Besitztümer bezogen, lässt sich aber grundsätzlich
> nicht auf materielle Güter reduzieren

> *Spüre nach Innen und damit der Energie von*
> *Reichtum- kannst du sie wahrnehmen?*
> *Reicht(es)um? Wozu reicht es?*

Reife

> beschreibt Ausgewogenheit und Abgerundetheit, dies
> auf körperlicher, geistiger und seelischer Ebene.
> Als solches ist „Reife" ein stetiger Prozess des
> Weitergeschehens.

> *Fühle nach Innen, gehe in Resonanz mit der Situation/*
> *dem Thema und fühle nach, erlaubst du dir „Reife"?*

Reinigung

> bedeutet Säuberung, beinhaltet Maßnahmen zur
> Verbesserung bzw. das Sorgen für Sauberkeit.
> Gerade für unsere Persönlichkeit ist es wichtig
> regelmässig für „Reinigung" der Energien „in unserem
> Haus", dem Körper zu sorgen, dies auf allen Ebenen,
> physisch und mental, im Körper sowie im Energiefeld,
> das ihn umgibt.

> *Gehe mit deiner Aufmerksamkeit nach Innen, nimm*
> *einen tiefen Atemzug und lasse ihn langsam und*
> *bewusst wieder ausströmen und mit ihm, all das*
> *was innerlich belastet oder „verschmutzt" - damit*
> *schaffe in dir klaren Raum.*

Reisen

beschreibt den Aufbruch, die Fortbewegung und im
besten Fall Erreichung eines Ziels.
In jeder Reise ist durchaus auch ein Wandel geborgen,
zumindest der des Umfelds.

*Spüre nach Innen, bist du bereit für diesen Wandel,
für die Reise und die damit verbunden neuen
Eindrücke und Einflüsse?*

Respekt

bezeichnet die Wertschätzung, Aufmerksamkeit und
Ehrerbietung gegenüber einem anderen Lebewesen
oder einer Institution.
Es schließt immer egoistisches Verhalten aus.

*Fühle nach Innen, visualisiere die aktuelle Situation/
das Thema und fühle nach, ist da ausreichend Respekt
gegenüber allen Beteiligten, wie stellt es sich dir dar?*

Ritual

beschreibt die Handlung, die meist nach vorgegebenen
Regeln abläuft, und oftmals feierlich-festliche
Handlungen mit hohem Symbolgehalt darstellen.
Rituale vermitteln Halt und Orientierung.

*Fühle nach Innen, gehe in Resonanz mit der Situation/
dem Thema und fühle nach, welches Ritual wäre für
dich hilfreich?*

Rückschritt

bezeichnet ein Rückschreiten, zumeist wird es
negativ bewertet, im Sinne, dass man zu einem längst
überwundenen, durchaus schlechteren Zustand, einer
niedrigeren Stufe der Entwicklung zurückkehrt.

In der neutralen Betrachtung kann man aber auch sehen, dass man mit einem Schritt zurück durchaus von der Wirkung zur Ursache kommen kann, und damit zur Lösung.

Betrachte die Situation / das Thema und deinen Standpunkt, und dann erlaube dir auf der Zeitlinie ein paar Schritte in der Betrachtung rückwärts zu gehen. Wie stellt sich das Gesamte nun anders dar?

Schönheit

beschreibt die Vollkommenheit der sinnlichen Erkenntnis und liegt in ihren Bewertungsmaßstäben in den Augen des Betrachters.
In der heutigen Zeit neigen viele dazu sich Wertungssysteme für Schönheit diktieren zu lassen.

Gehe mit deiner Aufmerksamkeit nach Innen, nimm einen tiefen Atemzug und lasse ihn langsam und bewusst wieder ausströmen, und öffne deine inneren Augen und betrachte mit einem „weichen Blick" die Situation, die sich dir darstellt und erlaube dir, es mit deinen ganz eigenen Augen zu sehen und das Schöne wahrzunehmen.

Seele

beschreibt in unserem Sprachgebrauch die Gesamtheit aller Gefühlsregungen und geistigen Vorgänge des Menschen. Im religiösen / spirituellen Kontext wird damit die eigenständige, körperunabhängige seelische Substanz bezeichnet.

Fühle nach Innen, nimm innerlich Verbindung mit dem aktuellen Thema / der Situation auf, und erlaube dir die Wahrnehmung, dass es etwas anderes als dein Verstand / dein Intellekt ist, der Zugang zu alledem

hat. Nimm Kontakt mit dieser Präsenz auf und
betrachte aus dieser Ebene heraus die Situation.

Selbstliebe

bezeichnet die Fähigkeit, sich Selbst mit allen Stärken
und Schwächen anzunehmen und das in Form einer
uneingeschränkten Liebe zu sich selbst

Fühle nach Innen, spüre der Energiequalität
von Selbstliebe nach. Kannst du sie empfinden?
Bedingungslos?

Selbstsicherheit

beschreibt den sicheren Umgang mit sich und der
Umwelt, dies in einer Balance zwischen erlebter
Freiheit und der Verbundenheit zu Bezugspersonen.

Fühle nach Innen, gehe in Resonanz mit der Situation/
dem Thema und fühle nach, bist du mit deinem Selbst
in sicherer Verbindung?

Sensibilität

bezeichnet die Fähigkeit, sich in einen anderen
Menschen hineinzuversetzen, ebenso wie die eigene
Empfindlichkeit für äußere Einflüsse.
Es ist wichtig hier in Balance zu sein, sowohl ein zu
viel als auch ein zu wenig an Sensibilität, können für
das Selbst und das alltägliche Leben beschwerlich
sein.

Fühle nach Innen, spüre deiner Energiequalität deiner
Sensibilität nach. Ist sie für dich ausgewogen?

Sicherheit

bezeichnet einen Zustand, der frei von unvertretbaren Risiken der Beeinträchtigung ist oder als gefahrenfrei angesehen wird.
Es bedeutet also „Sicherheit" loszulassen für den Weg von Wachstum und Entwicklung, denn dies bedeutet stetiges Verlassen einer Komfortzone und damit auch das Wagnis sich dem Unbekannten zu stellen.

Betrachte die Situation/das Thema und deinen Standpunkt, ist es das Bedürfnis nach Sicherheit, das dich zurückhält?

Sinnlichkeit

bezeichnet die Hingabe an das angenehme Erleben durch die Sinne. Es beschreibt auch die Empfänglichkeit für die verschiedenen Sinnesempfindungen.
Durch die geöffneten Sinne kann man das Schöne und Anregende dieser Welt erfahren.

Fühle nach Innen, dies in Kontext zu deinem Thema/ der aktuellen Situation und erlaube dir „mit allen Sinnen" damit Kontakt aufzunehmen, vermutlich eröffnet sich dir eine neue Wahrnehmung.

Sinnsuche

bezeichnet die Suche nach innerer Beziehung zu etwas, nach einem Gefühl oder Verständnis, Nutzen, Ziel oder Zweck bzw. Wert, der einer Sache innewohnt.

Fühle nach Innen, dies in Kontext zu deinem Thema/ der aktuellen Situation und öffne dich deiner inneren Antwort für den Sinn.

Spiritualität

beschreibt die bewusste Beschäftigung mit Sinn- und Wertfragen des Daseins, der Welt und der Menschen und besonders der eigenen Existenz und seiner Selbstverwirklichung im Leben.
Im Lateinischen der Begriff „spiro" - ich atme - und drückt somit im weitesten Sinn den Geist des Lebens aus, im Gegensatz zur Materialität.

Fühle nach Innen, bist du bereit, dein Leben nicht nur in der Materie die Bestimmung zu geben, sondern ihm auch deinen Geist einzuhauchen, dich der be-Geist-erung für dein Leben zu öffnen?

Stille

beschreibt die empfundene Lautlosigkeit, sowie die Abwesenheit jeglichen Geräusches, aber auch Bewegungslosigkeit.
In der Stille empfinden wir das ruhig werden und in diesem die gesunde Balance für das Leben, und nehmen so Kontakt mit unsrer Essenz auf.

Fühle der Energie von Stille in dir nach, bekommt sie ausreichend Raum?

Systematik

beschreibt die Gestaltung nach bestimmten Ordnungsbegriffen und erlaubt dadurch eine einheitliche Darstellung.
Die einheitliche Darstellung einer Herangehensweise kann auch den Ablauf einer Sache beschreiben.

Fühle nach Innen, gehe in Resonanz mit der Situation/

dem Thema und lasse dazu ein inneres Bild entstehen, inwieweit dir ein System oder systemisches Herangehen hilfreich sein könnte.

Tiefgründigkeit

bezeichnet die Neigung bzw. Fähigkeit, tief in das Wesen der Dinge einzudringen; in ihr finden wir oftmals die Fülle an Gedanken und den Reichtum dieser.

Fühle nach Innen, und erlaube dir im Kontext zu deinem Thema / der aktuellen Situation tiefer in dich einzutauchen und dieser Tiefe neue Gedanken als „Grund" und Basis zu finden.

Toleranz

bedeutet, dass wir dem anderen erlauben, zu sein wie er ist, in all seinen Überzeugungen und seinem Handeln. Dies frei von jeder Bewertung, in einer neutralen Haltung.

Oftmals finden wir uns auch in scheinbarer Toleranz, nämlich dann, wenn „alles sein darf wie es ist" und wir uns scheuen, damit einen eigenen Standpunkt einzunehmen (bang sein)

Fühle nach, bist du in der aktuellen Situation/ dem Thema eher „tolerant" oder „bang" (zu vorsichtig)?

Treue

bezeichnet die Verlässlichkeit einer Person gegenüber einer anderen, einem Kollektiv oder einer Sache.
„Treue zu sich selbst", man steht zu seinen

Grundsätzen, zu seinen Neigungen oder zu seiner
Vergangenheit. Treue zu sich selbst ist die Basis.

*Deshalb fühle nach Innen und höre auf eine ehrliche
Antwort, bist du dir denn selber treu - wenn nein, in
welchen Situationen nicht?*

Unabhängigkeit
ist eine Form der Freiheit und Ungebundenheit von
jemand anderen oder einer speziellen Situation.
Schon das Wort zeigt es uns, finden wir in ihm den
Begriff „hängen".
Sind wir frei, so finden wir uns in Selbstständigkeit und
Selbstbestimmung.

*Fühle nach, an was „hängst" du - als dass es dich
unfrei macht für den nächsten Schritt auf
deinem Weg.*

Verantwortung
bedeutet die Verpflichtung, dafür zu sorgen, dass
etwas einen möglichst guten Verlauf nimmt, und dass
dazu das Notwendige unternommen wird.
Auch unser Leben möchte, dass wir für es
Verantwortung übernehmen und ihm unsere ‚ganz
eigene Antwort' schenken.
*Höre nach Innen und höre auf die Antwort der
Erkenntnis für die Situation oder den nächsten Schritt
des Tuns.*

Veränderung
beschreibt den Prozess des Anderswerden, des
Wechsels, der Umwandlung.
Es ist immer ein aktives Geschehen, Vorwärtskommen

und Entwickeln, durchaus auch Verlassen der sogenannten Komfortzone.

So fühle in dir nach, willst/wagst du es wirklich wirklich, dich dem Prozess der Veränderung zu öffnen? Oder hält dich etwas zurück?

Verbundenheit

bezeichnet das Gefühl, einer anderen Person oder einer Personengruppe zugehörig zu sein und in einer gegenseitig vertrauensvollen Beziehung zu stehen. Für unser menschliches Dasein gehört dieses Gefühl zu unseren Grundbedürfnissen.

Spüre nach Innen und verbinde dich mit der Situation/ dem Thema, sehe alle Personen, die damit in Verbindung sind und spüre dieser Verbundenheit miteinander, untereinander, nach.

Vertrauen

Vertrauen ist mehr als nur Glaube oder Hoffnung, es benötigt immer eine Grundlage, die sogenannte „Vertrauensgrundlage". Dies können gemachte Erfahrungen sein, aber auch das Vertrauen einer Person, der man selbst vertraut, oder institutionelle Mechanismen.
Zu vertrauen bedeutet auch immer „verletzlich" zu sein.

Fühle nach Innen, gehe in Resonanz mit der Situation/ dem Thema und fühle nach, bist du bereit zu vertrauen?

Wandel

beschreibt die Veränderung, die durchaus auch eine Erneuerung darstellen kann.

Selbst wenn etwas sich im Wandel befindet, kann es sich im Außen noch so darstellen, als dass es noch dasselbe ist, und doch nicht ist. Wenn sich etwas verändert, bleibt es dasselbe und ist doch zugleich nicht dasselbe.
Fühle nach Innen, gehe in Resonanz mit der Situation/ dem Thema und fühle nach, worin und/oder wodurch sind die Prozesse blockiert, als dass der Wandel stockt? Worin liegt deine Aufgabe den Wandel zu unterstützen?

Wahrhaftigkeit

bedeutet das freie Einstehen des Menschen für sich selbst, vor allem die Treue zu sich selbst.
Es ist aber auch die Ehrfurcht, die wir unserem eigenen Dasein entgegenzubringen haben, die uns anhält, uns immer selber treu zu bleiben.

Fühle nach Innen, gehe in Resonanz mit der Situation/ dem Thema und fühle nach, bist du darin in allem deiner Selbst treu?

Weisheit

zeichnet sich durch eine ungewöhnlich tiefe Einsicht in das Wirkungsgefüge von Natur, Leben und Gesellschaft.

Spüre nach Innen und damit der Energie und der Qualität deiner inneren Weisheit nach. Darf sie für dich frei fließen? Vertraust du ihr?

Wertschätzung

bezeichnet die positive Bewertung eines anderen
Menschen. Sie gründet auf eine innere allgemeine
Haltung anderen gegenüber.
Wertschätzung betrifft einen Menschen als Ganzes,
sein Wesen. Sie ist unabhängig von Taten oder
Leistung.

*Nimm innerlich Verbindung mit der Situation/
dem Thema auf, und damit mit allen Personen,
die damit in Verbindung sind, spüre das Gefühl der
Wertschätzung für sie und drücke es in innerlicher
Zuwendung aus.*

Willkommen

bedeutet, jemanden zum Empfang freundlich zu
begrüßen.

*Fühle nach Innen, bist du bereit das Leben selbst, mit
allem, was es mit sich bringen mag, willkommen zu
heißen?*

Wirklichkeit

Mit diesem Begriff beschreiben wir, alles was real ist -
auch die Erlebniswelt, die uns Möglichkeit „zu wirken"
gibt.
Dem entgegen steht der Begriff von Schein, Traum,
Phantasie. Um diese real werden zu lassen, braucht's
das Tun, das Wirken.

*Deshalb, welches ist der nächste Schritt, den du TUN
kannst?*

Zentriertheit

bedeutet „In der eigenen Mitte sein", in einer Weise,
als dass wir den Höhen und Tiefen des Alltags in
Gelassenheit und Stabilität begegnen können.
MeisterIn des Lebens zu sein, bedeutet auch, die
eigene innere Mitte zu finden und zu bewahren; in sich
zentriert zu sein.

Was unterstützt dich dabei?
Welches ist es, was dich selbst aus deiner Mitte holt?

Zielbewusstein

Bezeichnet den durch nichts zu beugenden Willen und
die entschlossene Haltung etwas Bestimmtes zu tun
oder zu erreichen.
In diesem Bewusstsein entsteht immer Fokus auf das
Ziel und damit gebündelte Energie und Kraft.

Spüre nach Innen, verbinde dich innerlich mit deinen
Wünschen, Träumen – deinem Ziel und erkenne
das nächste Teilziel in nächster Nähe und damit
verbunden den nächsten Schritt, der zu setzen ist, die
nächste Handlung, die es zu tun gilt.

Zusammenhänge

Nichts geschieht isoliert, alles ist miteinander
verbunden.
Jegliches einfache Tun hat eine Auswirkung in
irgendeiner Form etwas zu verändern, jeder Gedanke
die Chance etwas zu bewegen und zu verändern.

Erlaube dir deine Sichtweise zu weiten, und mehr
als nur den Ausschnitt des aktuellen Themas/der
Situation zu sehen, eröffne dir einen Spannungsbogen.

Zuverlässigkeit
bedeutet Verlässlichkeit und diese bringt mit sich,
dass man von einer geringen Ausfallwahrscheinlichkeit
ausgeht.

Fühle nach Innen, gehe in Resonanz mit der Situation/
dem Thema und fühle nach, gibt dir die Energie von
Zuverlässigkeit hier Sicherheit oder ist es eher so,
dass sie fehlt?

Ich danke dir, dass ich dich
durch diese ganz besonderen Tage
im Jahr begleiten durfte.
Es ist mir eine große Ehre
an deiner Seite gewesen zu sein dürfen,
als du dich für das Glück,
die Liebe, die Freude, die Anmut
und Vitalität in deinem Leben entschieden hast.

I wish you all the best. Namasté.
Ubuntu (afrik.) Ich bin weil du bist.

Daniela

Abschliessend...

Ich bin den Engeln sehr dankbar, dass sie mir diesen
Auftrag geschickt haben.
Ich bin meiner inneren Stimme aus tiefstem Herzen
dankbar, dass sie laut genug zu mir gesprochen hat.
Ich bin meinem MenschenIch sehr dankbar, dass es
ohne zu zögern und voller Vertrauen diesen Auftrag
angenommen hat.

Ich danke meiner Freundin Barbara, als dass sie sich
mich in all meinem Tun, inbesondere beim Lektorieren
dieser Texte unterstützt.

Zuletzt und doch allen voran möchte ich meiner
Familie danken, meinen Kindern Jara, Fabio und
Luis und meinem geliebten Mann Markus. Ohne ihr
Verständnis, ohne ihre Rücksicht und ohne ihre Liebe
wäre mein gesamtes Wirken und meine Arbeit in der
Weise nicht möglich.

DIESES BUCH

ist Teil des Sets „Lass deine Träume wahr werden" mit den Energien der Rauhnächte und besteht aus Buch, Karten und Schreib/Intuitionsheft. Alle Teile können auch einzeln und das Schreibheft jährlich aktualisiert bestellt werden.

MEHR INFO

www.danielahutter.com/shop

LITERATURHINWEISE:

Susanne Fischer-Rizzi: Botschaft an den Himmel
Jeanne Ruland: Das Geheimnis der Rauhnächte
Reinhard Stiehle: Das Rätsel der Rauhnächte

für die Erklärung der Worte: die Quellen von Wikipedia und Duden

Foto Titelbild: shutterstock.com

Lass deine Träume wahr werden

mit den Energien der Rauhnächte

Gedanken und Impulse für

2018

Jahr der Venus

Daniela Hutter
Edition Delphine

Nie sind wir unserem Inneren
so nah
wie beim Schreiben.
Schreiben macht kreativ
und glücklich
und lässt Träume wahr werden.

Ich wünsche Dir den Output
deines kreativen Seins.

Von Herzen

Daniela

Sei du ein kraftvoller Schöpfer deines Lebens und lass deine Träume wahr werden!

Jeder einzelne Tag der Rauhnächte verankert seine Energie mit einem Monat im kommenden Jahr. Das bedeutet, die Intention die man z.B. am ersten Tag der Rauhnächte setzt, betrifft v.a. den ersten Monat im neuen Jahr.

Umgekehrt, gibt es ein ganz spezielles Ereignis im kommenden Jahr, kann man es schon jetzt mit seiner Intention unterstützen, und am entsprechenden Tag der Rauhnacht den entsprechenden Impuls setzen und ein innere Vereinbarung eingehen oder einen konkreten ersten Schritt des Handelns setzen.

Es geht hier um das kosmische Jahr, daher dürfen und sollen wir die Energien von Sonne und Mond nützen. So integrieren wir Aspekte der Astrologie und die einzelnen Tage der Schwellenzeit der Rauhnächte korrespondieren wie folgt mit den Monaten des folgenden Jahres:

Diese Tradition der Rauhnächte (es gibt unterschiedliche)
wendet sich hin zum Rhythmus des Mondes und damit an
das Mondjahr.

Rauhnacht	Für den Mondmonat	Neumond am	Neumond im Sternbild des
24.12.16	17.01. – 14.02.18	17.01.18 – 03.17 Uhr	Steinbock
25.12.16	14.02. – 16.03.18	15.02.18 – 22.05 Uhr	Wassermann
26.12.16	17.03. – 15.04.18	17.03.18 – 14.11 Uhr	Fische
27.12.16	16.04. – 14.05.18	16.04.18 – 02.57 Uhr	Widder
28.12.16	15.05. – 12.06.18	15.05.18 – 12.47 Uhr	Stier
29.12.16	13.06. – 12.07.18	13.06.18 – 20.43 Uhr	Zwillinge
30.12.16	13.07. – 10.08.18	13.07.18 – 03.47 Uhr	Krebs
31.12.16	11.08. – 08.09.18	11.08.18 – 10.57 Uhr	Löwe
01.01.17	09.09. – 08.10.18	09.09.18 – 19.01 Uhr	Jungfrau
02.01.17	09.10. – 06.11.18	09.10.18 – 04.47 Uhr	Waage
03.01.17	07.11. – 06.12.18	07.11.18 – 17.02 Uhr	Skorpion
04.01.17	07.12. – 05.01.19	07.12.18 – 08.20 Uhr	Schütze

20./21./22./23.12.2018 dienen der Vorbereitung, des Abschlusses des
Jahres, der Reinigung.
05/06.01.2019 dienen dem Abschlusses der Rauhnächte, der Integration
und der Verankerung.

... und entsprechend den Gesetzen der Transformation geschieht jegliches
Tun immer sowohl für unsere Innenwelt, wie auch unsere Außenwelt, und
ebenso für unsere körperliche Ebene.

Auch an dieser Stelle möchte ich motivieren, den ganz persönlichen
Zugang zur individuellen Zeitqualität zu finden, und ihr auch zu vertrauen.

Folge stets der eigenen Intuition und erlaube dir Wahrnehmungen
außerhalb dessen, was diese Anleitungen hier anbieten.

1. Mondmonat 2018 Steinbock

17.01. - 14.02.2018

JÄNNER / FEBRUAR

MO		22	29	5	12
DI		23	30	6	13
MI	17	24	31	7	14
DO	18	25	1	8	
FR	19	26	2	9	
SA	20	27	3	10	
SO	21	28	4	11	

Gehe in Resonanz mit dem Kalender - gibt es einen besonderen Tag, besondere Tage, deren Schwingung du schon heute spürst?
Markiere sie im Kalender und notiere dir dazu deine spontanen Gedanken.

_____

_____

_____

_____

_____

Welche **Karten** hast du aus dem Set gezogen, welche
Energiequalität der Karte war es, die dich angesprochen hat
und wie bringst du sie in Verbindung zu deinem Leben?
Notiere dir dazu deine spontanen Gedanken und Erkenntnisse.

_____

_____

_____

_____

_____

_____

Weitere Notizen

nichts geschieht zufällig, alles ist mit allem in Verbindung

_____

_____

_____

_____

_____

... hast du geträumt?

_____

_____

Waren da Beobachtungen, Gedanken, Botschaften, Zeichen ...?
Gab es besondere Begegnungen mit Tieren?
Welches Wetter war heute, welche Überraschungen, mit
denen du nicht gerechnet hast?

_____

_____

_____

_____

_____

Möglicherweise haben dich Impulse und Ideen erreicht, die
im neuen Jahr umgesetzt werden wollen: **To-Do's:**

_____

_____

_____

_____

_____

Kreiere dir in diesem Zusammenhang deinen ganz persönlichen
Leitsatz für deinen Weg der vor dir liegt: **Affirmation:**

_____

_____

_____

_____

2. Mondmonat 2018 Wassermann
14.02. - 16.03.2018

FEBRUAR / MÄRZ

MO		19	26	5	12
DI		20	27	6	13
MI	14	21	28	7	14
DO	15	22	1	8	15
FR	16	23	2	9	16
SA	17	24	3	10	
SO	18	25	4	11	

Gehe in Resonanz mit dem Kalender - gibt es einen besonderen Tag, besondere Tage, deren Schwingung du schon heute spürst?
Markiere sie im Kalender und notiere dir dazu deine spontanen Gedanken.

_____

_____

_____

_____

_____

Welche **Karten** hast du aus dem Set gezogen, welche
Energiequalität der Karte war es, die dich angesprochen hat
und wie bringst du sie in Verbindung zu deinem Leben?
Notiere dir dazu deine spontanen Gedanken und Erkenntnisse.

Weitere Notizen

nichts geschieht zufällig, alles ist mit allem in Verbindung

... hast du geträumt?

Waren da Beobachtungen, Gedanken, Botschaften, Zeichen ...?
Gab es besondere Begegnungen mit Tieren?
Welches Wetter war heute, welche Überraschungen, mit
denen du nicht gerechnet hast?

_____

_____

_____

_____

_____

Möglicherweise haben dich Impulse und Ideen erreicht, die
im neuen Jahr umgesetzt werden wollen: **To-Do's:**

_____

_____

_____

_____

_____

Kreiere dir in diesem Zusammenhang deinen ganz persönlichen
Leitsatz für deinen Weg der vor dir liegt: **Affirmation:**

_____

_____

_____

_____

3. Mondmonat 2018 Fische

17.03. - 15.04.2018

MÄRZ / APRIL

MO		19	26	2	9
DI		20	27	3	10
MI		21	28	4	11
DO		22	29	5	12
FR		23	30	6	13
SA	17	24	31	7	14
SO	18	25	1	8	15

Gehe in Resonanz mit dem Kalender - gibt es einen besonderen Tag, besondere Tage, deren Schwingung du schon heute spürst?
Markiere sie im Kalender und notiere dir dazu deine spontanen Gedanken.

_____

_____

_____

_____

_____

Welche **Karten** hast du aus dem Set gezogen, welche
Energiequalität der Karte war es, die dich angesprochen hat
und wie bringst du sie in Verbindung zu deinem Leben?
Notiere dir dazu deine spontanen Gedanken und Erkenntnisse.

_____

_____

_____

_____

_____

_____

Weitere Notizen

nichts geschieht zufällig, alles ist mit allem in Verbindung

_____

_____

_____

_____

_____

... hast du geträumt?

_____

_____

Waren da Beobachtungen, Gedanken, Botschaften, Zeichen ...?
Gab es besondere Begegnungen mit Tieren?
Welches Wetter war heute, welche Überraschungen, mit
denen du nicht gerechnet hast?

_____

_____

_____

_____

_____

Möglicherweise haben dich Impulse und Ideen erreicht, die
im neuen Jahr umgesetzt werden wollen: **To-Do's:**

_____

_____

_____

_____

Kreiere dir in diesem Zusammenhang deinen ganz persönlichen
Leitsatz für deinen Weg der vor dir liegt: **Affirmation:**

_____

_____

_____

_____

4. Mondmonat 2018 Widder

16.04. - 14.05.2018

APRIL / MAI

MO	16	23	30	7	14
DI	17	24	1	8	
MI	18	25	2	9	
DO	19	26	3	10	
FR	20	27	4	11	
SA	21	28	5	12	
SO	22	29	6	13	

Gehe in Resonanz mit dem Kalender - gibt es einen besonderen Tag, besondere Tage, deren Schwingung du schon heute spürst?
Markiere sie im Kalender und notiere dir dazu deine spontanen Gedanken.

_____

_____

_____

_____

_____

_____

Welche **Karten** hast du aus dem Set gezogen, welche
Energiequalität der Karte war es, die dich angesprochen hat
und wie bringst du sie in Verbindung zu deinem Leben?
Notiere dir dazu deine spontanen Gedanken und Erkenntnisse.

_____

_____

_____

_____

_____

_____

Weitere Notizen
nichts geschieht zufällig, alles ist mit allem in Verbindung

_____

_____

_____

_____

_____

... hast du geträumt?

_____

_____

16

Waren da Beobachtungen, Gedanken, Botschaften, Zeichen ...?
Gab es besondere Begegnungen mit Tieren?
Welches Wetter war heute, welche Überraschungen, mit
denen du nicht gerechnet hast?

_____

_____

_____

_____

_____

Möglicherweise haben dich Impulse und Ideen erreicht, die
im neuen Jahr umgesetzt werden wollen: **To-Do's:**

_____

_____

_____

_____

Kreiere dir in diesem Zusammenhang deinen ganz persönlichen
Leitsatz für deinen Weg der vor dir liegt: **Affirmation:**

_____

_____

_____

5. Mondmonat 2018 Stier

15.05. - 12.06.2018

MAI / JUNI

MO		21	28	4	11
DI	15	22	29	5	12
MI	16	23	30	6	
DO	17	24	31	7	
FR	18	25	1	8	
SA	19	26	2	9	
SO	20	27	3	10	

Gehe in Resonanz mit dem Kalender - gibt es einen besonderen Tag, besondere Tage, deren Schwingung du schon heute spürst?
Markiere sie im Kalender und notiere dir dazu deine spontanen Gedanken.

_____

_____

_____

_____

_____

_____

Welche **Karten** hast du aus dem Set gezogen, welche
Energiequalität der Karte war es, die dich angesprochen hat
und wie bringst du sie in Verbindung zu deinem Leben?
Notiere dir dazu deine spontanen Gedanken und Erkenntnisse.

_____

_____

_____

_____

_____

_____

Weitere Notizen

nichts geschieht zufällig, alles ist mit allem in Verbindung

_____

_____

_____

_____

_____

... hast du geträumt?

_____

_____

Waren da Beobachtungen, Gedanken, Botschaften, Zeichen ...?
Gab es besondere Begegnungen mit Tieren?
Welches Wetter war heute, welche Überraschungen, mit
denen du nicht gerechnet hast?

_____

_____

_____

_____

_____

Möglicherweise haben dich Impulse und Ideen erreicht, die
im neuen Jahr umgesetzt werden wollen: **To-Do's:**

_____

_____

_____

_____

Kreiere dir in diesem Zusammenhang deinen ganz persönlichen
Leitsatz für deinen Weg der vor dir liegt: **Affirmation:**

_____

_____

_____

_____

6. Mondmonat 2018 Zwillinge
13.06. – 12.07.2018

JUNI / JULI

MO		18	25	2	9
DI		19	26	3	10
MI	13	20	27	4	11
DO	14	21	28	5	12
FR	15	22	29	6	
SA	16	23	30	7	
SO	17	24	1	8	

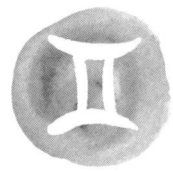

Gehe in Resonanz mit dem Kalender - gibt es einen besonderen Tag, besondere Tage, deren Schwingung du schon heute spürst?
Markiere sie im Kalender und notiere dir dazu deine spontanen Gedanken.

_____

_____

_____

_____

_____

_____

Welche **Karten** hast du aus dem Set gezogen, welche
Energiequalität der Karte war es, die dich angesprochen hat
und wie bringst du sie in Verbindung zu deinem Leben?
Notiere dir dazu deine spontanen Gedanken und Erkenntnisse.

_____

_____

_____

_____

_____

_____

Weitere Notizen

nichts geschieht zufällig, alles ist mit allem in Verbindung

_____

_____

_____

_____

_____

... hast du geträumt?

_____

_____

Waren da Beobachtungen, Gedanken, Botschaften, Zeichen ...?
Gab es besondere Begegnungen mit Tieren?
Welches Wetter war heute, welche Überraschungen, mit
denen du nicht gerechnet hast?

_____

_____

_____

_____

_____

Möglicherweise haben dich Impulse und Ideen erreicht, die
im neuen Jahr umgesetzt werden wollen: **To-Do's:**

_____

_____

_____

_____

Kreiere dir in diesem Zusammenhang deinen ganz persönlichen
Leitsatz für deinen Weg der vor dir liegt: **Affirmation:**

_____

_____

_____

7. Mondmonat 2018 Krebs
13.07. - 10.08.20186

JULI / AUGUST

MO		16	23	30	6
DI		17	24	31	7
MI		18	25	1	8
DO		19	26	2	9
FR	13	20	27	3	10
SA	14	21	28	4	
SO	15	22	29	5	

Gehe in Resonanz mit dem Kalender - gibt es einen besonderen Tag, besondere Tage, deren Schwingung du schon heute spürst?
Markiere sie im Kalender und notiere dir dazu deine spontanen Gedanken.

Welche **Karten** hast du aus dem Set gezogen, welche
Energiequalität der Karte war es, die dich angesprochen hat
und wie bringst du sie in Verbindung zu deinem Leben?
Notiere dir dazu deine spontanen Gedanken und Erkenntnisse.

Weitere Notizen

nichts geschieht zufällig, alles ist mit allem in Verbindung

... hast du geträumt?

Waren da Beobachtungen, Gedanken, Botschaften, Zeichen ...?
Gab es besondere Begegnungen mit Tieren?
Welches Wetter war heute, welche Überraschungen, mit
denen du nicht gerechnet hast?

_____

_____

_____

_____

_____

Möglicherweise haben dich Impulse und Ideen erreicht, die
im neuen Jahr umgesetzt werden wollen: **To-Do's:**

_____

_____

_____

_____

Kreiere dir in diesem Zusammenhang deinen ganz persönlichen
Leitsatz für deinen Weg der vor dir liegt: **Affirmation:**

_____

_____

_____

_____

8. Mondmonat 2018 Löwe

11.08. - 08.09.2018

AUGUST / SEPTEMBER

MO		13	20	27	3
DI		14	21	28	4
MI		15	22	29	5
DO		16	23	30	6
FR		17	24	31	7
SA	11	18	25	1	8
SO	12	19	26	2	

Gehe in Resonanz mit dem Kalender - gibt es einen
besonderen Tag, besondere Tage, deren Schwingung du schon
heute spürst?
Markiere sie im Kalender und notiere dir dazu deine
spontanen Gedanken.

_____

_____

_____

_____

_____

_____

Welche **Karten** hast du aus dem Set gezogen, welche
Energiequalität der Karte war es, die dich angesprochen hat
und wie bringst du sie in Verbindung zu deinem Leben?
Notiere dir dazu deine spontanen Gedanken und Erkenntnisse.

_____

_____

_____

_____

_____

_____

Weitere Notizen
nichts geschieht zufällig, alles ist mit allem in Verbindung

_____

_____

_____

_____

_____

... hast du geträumt?

_____

_____

Waren da Beobachtungen, Gedanken, Botschaften, Zeichen ...?
Gab es besondere Begegnungen mit Tieren?
Welches Wetter war heute, welche Überraschungen, mit
denen du nicht gerechnet hast?

_____

_____

_____

_____

_____

Möglicherweise haben dich Impulse und Ideen erreicht, die
im neuen Jahr umgesetzt werden wollen: **To-Do's:**

_____

_____

_____

_____

Kreiere dir in diesem Zusammenhang deinen ganz persönlichen
Leitsatz für deinen Weg der vor dir liegt: **Affirmation:**

_____

_____

_____

_____

9. Mondmonat 2018 Jungfrau

09.09. - 08.10.2018

SEPTEMBER / OKTOBER

MO		10	17	24	1	8
DI		11	18	25	2	
MI		12	19	26	3	
DO		13	20	27	4	
FR		14	21	28	5	
SA		15	22	29	6	
SO	9	16	23	30	7	

Gehe in Resonanz mit dem Kalender - gibt es einen besonderen Tag, besondere Tage, deren Schwingung du schon heute spürst?
Markiere sie im Kalender und notiere dir dazu deine spontanen Gedanken.

_____

_____

_____

_____

_____

30

Welche **Karten** hast du aus dem Set gezogen, welche
Energiequalität der Karte war es, die dich angesprochen hat
und wie bringst du sie in Verbindung zu deinem Leben?
Notiere dir dazu deine spontanen Gedanken und Erkenntnisse.

_____

_____

_____

_____

_____

_____

Weitere Notizen

nichts geschieht zufällig, alles ist mit allem in Verbindung

_____

_____

_____

_____

_____

... hast du geträumt?

_____

_____

Waren da Beobachtungen, Gedanken, Botschaften, Zeichen ...?
Gab es besondere Begegnungen mit Tieren?
Welches Wetter war heute, welche Überraschungen, mit
denen du nicht gerechnet hast?

_____

_____

_____

_____

_____

Möglicherweise haben dich Impulse und Ideen erreicht, die
im neuen Jahr umgesetzt werden wollen: **To-Do's:**

_____

_____

_____

_____

_____

Kreiere dir in diesem Zusammenhang deinen ganz persönlichen
Leitsatz für deinen Weg der vor dir liegt: **Affirmation:**

_____

_____

_____

_____

10. Mondmonat 2018 Waage

09.10. – 06.11.2018

OKTOBER / NOVEMBER

MO		15	22	29	5
DI	9	16	23	30	6
MI	10	17	24	31	
DO	11	18	25	1	
FR	12	19	26	2	
SA	13	20	27	3	
SO	14	21	28	4	

Gehe in Resonanz mit dem Kalender - gibt es einen besonderen Tag, besondere Tage, deren Schwingung du schon heute spürst?
Markiere sie im Kalender und notiere dir dazu deine spontanen Gedanken.

_____

_____

_____

_____

_____

_____

Welche **Karten** hast du aus dem Set gezogen, welche
Energiequalität der Karte war es, die dich angesprochen hat
und wie bringst du sie in Verbindung zu deinem Leben?
Notiere dir dazu deine spontanen Gedanken und Erkenntnisse.

_____

_____

_____

_____

_____

_____

Weitere Notizen

nichts geschieht zufällig, alles ist mit allem in Verbindung

_____

_____

_____

_____

_____

... hast du geträumt?

_____

_____

34

Waren da Beobachtungen, Gedanken, Botschaften, Zeichen ...?
Gab es besondere Begegnungen mit Tieren?
Welches Wetter war heute, welche Überraschungen, mit
denen du nicht gerechnet hast?

_____

_____

_____

_____

_____

Möglicherweise haben dich Impulse und Ideen erreicht, die
im neuen Jahr umgesetzt werden wollen: **To-Do's:**

_____

_____

_____

_____

_____

Kreiere dir in diesem Zusammenhang deinen ganz persönlichen
Leitsatz für deinen Weg der vor dir liegt: **Affirmation:**

_____

_____

_____

_____

11. Mondmonat 2018 Skorpion

07.11. - 06.12.2018

NOVEMBER / DEZEMBER

MO		12	19	26	3
DI		13	20	27	4
MI	7	14	21	28	5
DO	8	15	22	29	6
FR	9	16	23	30	
SA	10	17	24	1	
SO	11	18	25	3	

Gehe in Resonanz mit dem Kalender - gibt es einen besonderen Tag, besondere Tage, deren Schwingung du schon heute spürst?
Markiere sie im Kalender und notiere dir dazu deine spontanen Gedanken.

_____

_____

_____

_____

_____

_____

Welche **Karten** hast du aus dem Set gezogen, welche
Energiequalität der Karte war es, die dich angesprochen hat
und wie bringst du sie in Verbindung zu deinem Leben?
Notiere dir dazu deine spontanen Gedanken und Erkenntnisse.

_____

_____

_____

_____

_____

_____

Weitere Notizen

nichts geschieht zufällig, alles ist mit allem in Verbindung

_____

_____

_____

_____

_____

_____

... hast du geträumt?

_____

_____

Waren da Beobachtungen, Gedanken, Botschaften, Zeichen ...?
Gab es besondere Begegnungen mit Tieren?
Welches Wetter war heute, welche Überraschungen, mit
denen du nicht gerechnet hast?

_____

_____

_____

_____

_____

Möglicherweise haben dich Impulse und Ideen erreicht, die
im neuen Jahr umgesetzt werden wollen: **To-Do's:**

_____

_____

_____

_____

_____

Kreiere dir in diesem Zusammenhang deinen ganz persönlichen
Leitsatz für deinen Weg der vor dir liegt: **Affirmation:**

_____

_____

_____

_____

12. Mondmonat 2018 Schütze

07.12. - 05.01.2019

DEZEMBER / JÄNNER

MO		10	17	24	31
DI		11	18	25	1
MI		12	19	26	2
DO		13	20	27	3
FR	7	14	21	28	4
SA	8	15	22	29	5
SO	9	16	23	30	

Gehe in Resonanz mit dem Kalender - gibt es einen besonderen Tag, besondere Tage, deren Schwingung du schon heute spürst?
Markiere sie im Kalender und notiere dir dazu deine spontanen Gedanken.

_____

_____

_____

_____

_____

_____

Welche **Karten** hast du aus dem Set gezogen, welche
Energiequalität der Karte war es, die dich angesprochen hat
und wie bringst du sie in Verbindung zu deinem Leben?
Notiere dir dazu deine spontanen Gedanken und Erkenntnisse.

_____

_____

_____

_____

_____

_____

Weitere Notizen

nichts geschieht zufällig, alles ist mit allem in Verbindung

_____

_____

_____

_____

_____

_____

... hast du geträumt?

_____

_____

Waren da Beobachtungen, Gedanken, Botschaften, Zeichen ...?
Gab es besondere Begegnungen mit Tieren?
Welches Wetter war heute, welche Überraschungen, mit
denen du nicht gerechnet hast?

_____

_____

_____

_____

_____

Möglicherweise haben dich Impulse und Ideen erreicht, die
im neuen Jahr umgesetzt werden wollen: **To-Do's:**

_____

_____

_____

_____

Kreiere dir in diesem Zusammenhang deinen ganz persönlichen
Leitsatz für deinen Weg der vor dir liegt: **Affirmation:**

_____

_____

_____

_____

NOTIZEN für 2018
damit „Meine Träume wahr werden"

Betrachte deine Notizen aller Tage. Erkennst du
einen „roten Faden"? Welches ist die Quintessenz
deiner Erkenntnisse?

_____

_____

_____

_____

_____

_____

_____

_____

_____

_____

_____

_____

_____

_____

_____

Titelbilder: shutterstock, Fotolia

Lass dich auch für die folgenden Jahre von den
Energien der Rauhnächte inspirieren und bestelle
das jeweils neue Schreibheft
mit aktualisiertem Kalendarium nach:
www.danielahutter.com/shop